本著作受国家社科基金一般项目（23BJY212）、辽宁省教育厅人文社会科学基金一般项目（LJ112410154043）、辽宁工业大学博士科研启动基金项目（人文社科类）（XBKH2024002）资助

基于动态神经网络的房地产批量评估建模及实证研究

陈　超　马鑫晟　著

中国纺织出版社有限公司

内 容 提 要

本书基于动态神经网络设计理念，聚焦房地产批量评估方法的创新与本土化实践，旨在构建适应中国复杂市场特征的房地产批量评估体系。全书系统梳理了房地产批量评估的理论基础与文献进展，明确了单宗评估与批量评估的差异，以上海市存量住房为样本，创新性地整合爬虫技术与空间分析方法，构建了覆盖全域、长时序的二手房交易数据集，解决了权威数据缺失的难题。在模型设计上，本书提出由Tokens-to-token模块、ViT模型和全连接层级联的动态神经网络架构，引入自适应推理机制，通过K折交叉验证优化训练，显著提升了模型的评估精度与泛化能力。本书适用于房地产评估从业者、房地产市场研究人员及高校相关专业师生。

图书在版编目（CIP）数据

基于动态神经网络的房地产批量评估建模及实证研究 / 陈超，马鑫晟著. -- 北京 ：中国纺织出版社有限公司，2025. 4. -- ISBN 978-7-5229-2676-6

Ⅰ. F293.332

中国国家版本馆 CIP 数据核字第 2025YM6071 号

责任编辑：段子君　　责任校对：高　涵　　责任印制：储志伟

中国纺织出版社有限公司出版发行
地址：北京市朝阳区百子湾东里A407号楼　邮政编码：100124
销售电话：010—67004422　传真：010—87155801
http://www.c-textilep.com
中国纺织出版社天猫旗舰店
官方微博 http://weibo.com/2119887771
河北赛文印刷有限公司印刷　各地新华书店经销
2025年 6 月第 1 版第 1 次印刷
开本：710×1000　1/16　印张：7.5
字数：98千字　定价：68.00元

前 言

近年来，批量评估方法凭借速度快、成本低、精度高的优势，被众多发达国家应用于税基评估、抵押贷款、拆迁补偿等事项中。大量不同领域的专家学者正在直接或间接地为批量评估方法的改进作着贡献。然而，各国房地产市场在完善程度、法律制度、税制改革等方面存在显著差异，我国房地产评估应充分借鉴成熟经验，但又要特别重视发展具有中国特色的房地产评估体系。

目前，学术界对批量评估方法的研究存在以下问题：一是研究成果总体上缺乏系统性，不同学者对各类批量评估方法的可靠性莫衷一是。二是针对批量评估方法的应用创新不够，尤其是在适应我国房地产市场特征方面。基于上述背景，本书基于动态神经网络设计理念，探索一种性能更优、可解释性更强，且适合我国的房地产智能化批量评估方法。希望通过方法整合、优化与本土化试验，构建一个符合国家要求、满足社会需求的房地产批量评估方法体系。

本书的研究内容和写作安排如下：首先，对房地产批量评估相关文献及理论进行归纳分析。界定了所研究的房地产对象，辨析了房地产单宗评估与批量评估的基础理论及方法，梳理了动态神经网络的类别及设计理念。其次，系统地总结了房地产特征价格影响因素，并以上海市存量住房为研究样本，构建了房地产批量评估数据集。在对该数据集进行量化、清洗和标准化处理后，获得了能够直接用于模型分析的初始样本数据集。再次，设计了一个由三个拥有完整模型结构的子模型级联构成的动态神经网络房地产批量评估模型，其中编码部分、主干部分、输出部分分别采用 Tokens-to-token 模块、ViT 模型、全连接层，并由决策单元控制自适应推理。通过 K 折交叉验证进行数据划分和模型训练，该模型在评估精度和泛化能力方面表现良好。最后，将动态神经网络模型与多元回归模型、BP 神经网络模型进行比较。结果表明在决定系数、平均绝对百分比误差、平均绝对误差、均方根误差上动态神经网络模型均表现更优。

本书的创新性主要体现在以下两方面：一是数据集构建的创新性。本书通过爬虫技术和空间分析方法，收集整个市域范围内的长时间跨度的二手房交易数据构成房地产批量评估数据集，有效解决了缺乏权威房地产样本数据集的问题。二是模型设计的创新性。本书基于动态神经网络设计理念中的动态深度设计思路，设计了一个具备自适应推理能力的动态神经网络房地产批量评估模型。相较于传统的静态结构评估模型，该模型在推理效率和可解释性上具备优势，并能很好地适应我国复杂多变的房地产市场特征。

全书共分七章，结构安排如下：第 1 章为绪论；第 2 章为相关概念及理论基础；第 3 章为房地产批量评估数据集构建；第 4 章为房地产批量评估模型设计；第 5 章为房地产批量评估实证研究；第 6 章为房地产批量评估方法对比分析；第 7 章为结论与展望。本书由陈超和马鑫晟两位作者合作完成，其中陈超主要负责研究选题、研究方案、研究思路和研究方法的确定，以及第 1 章、第 2 章、第 4 章、第 7 章大部分内容的撰写，马鑫晟主要负责第 3 章、第 5 章、第 6 章所涉及的软件技术处理和大部分内容的撰写。本书的完成离不开相关专家学者的悉心指导，在此深表谢意！本书的完成同样也离不开多项科研基金的支持，在此特别感谢国家社科基金一般项目（23BJY212）、辽宁省教育厅人文社会科学基金一般项目（LJ112410154043）、辽宁工业大学博士科研启动基金项目（人文社科类）（XBKH2024002）对本书的资助！由于作者能力有限，书中难免会有疏漏，我们诚恳地欢迎读者批评指正。

本书适合从事房地产评估、房地产市场研究、相关领域的工作人员以及相关专业在读本科生、研究生阅读。希望本书能够为房地产批量评估的理论发展和实践创新提供有益参考。

陈超

2025 年 1 月 6 日

目 录

第 1 章　绪　论

1.1　研究背景及意义

1.1.1　研究背景

传统的单宗评估存在较强的主观随意性，对房地产市场中实例数据的使用效率也很低，在大数据时代很难满足房地产估价的需求（陈家杰，2022）[1]。批量评估由单宗评估发展而来，随着大数据技术的愈发完善，基于大数据进行房地产批量评估的研究也愈发深入（田源，2016）[2]。批量评估凭借速度快、成本低、精度高的优势，被广泛应用于房地产相关领域。特别是对房地产价格的精确评估不仅有助于研判房地产价格走势，充分发挥市场价格发现的功能，还能进一步帮助房地产开发企业开展项目可行性研究，做更加系统、深入的市场分析。由于各国的房地产市场在完善程度、法律制度等方面存在较大的区别，尚未形成一套完整可靠的房地产批量评估方法体系。

当前，除了回归分析、空间分析等一些传统的评估方法，基于数据驱动的机器学习方法也正在被积极应用于房地产批量评估领域，比如人工神经网络凭借高效处理复杂非线性问题的能力，是批量评估中最流行的机器学习算法。但这些基础的模型大多都基于静态推理范式构建，在推理效率、可解释性等方面仍旧存在缺陷。结合我国住宅房地产市场的实际情况，现有的房地产批量评估理论与方法难以有效解决可操作性、可推广性等问题。同时，由于缺乏权威的房地产样本数据集，大多数批量评估研究所使用的样本分布区域范围小、时间跨度短，不适用于构建泛化能力强、结果精度高、参数及结构复杂的智能化模型。鉴于此，本书拟重新构建一个房地产样本数据集，并依托深度自适应学习网络的设计理念和理论基础，希望设计一个动态神经网络模型来解决房地产批量评估中存在的上述问题，研究成果具有重要的理论意义和应用价值。

1.1.2 研究意义

（1）理论意义

第一，研究成果进一步丰富和完善了我国房地产批量评估方法理论体系。本书以计算机视觉（computer vision，CV）、自然语言处理（natural language processing，NLP）等领域成功应用的深度神经网络理论为基础构建房地产批量评估模型，利用深度神经网络强大的特征提取能力来提取房地产样本案例的深层次特征。分析过程及结果将帮助重塑房地产特征因素体系，以应对当前诸多文献或研究成果中显著性特征因素表现不一致且缺乏系统性解释的状况，同时也是对现有房地产批量评估方法体系强有力的补充。

第二，研究成果进一步拓宽了动态神经网络的应用范围。动态神经网络经常应用于计算机、生物医药、材料化学、机械制造等领域，但在社会科学领域特别是房地产领域的应用案例寥寥无几。本书将动态神经网络分析方法应用于房地产批量评估中，是对该方法应用新的尝试，提升了房地产批量评估模型的推理效率和可解释性，研究成果拓展并增强了动态神经网络方法的适用性。

（2）现实意义

第一，研究成果有助于房地产估价相关工作的顺利实施。科学进行房地产批量评估将大幅提高房地产估价的工作效率，具体表现在房地产样本数据集的构建方案不仅能避免人工搜集房地产交易数据及样本案例特征信息可能存在的主观随意性，还能提高数据集构建工作的专业性；样本自适应动态神经网络模型的设计有助于提升评估过程的智能化水平，提高房地产估价精度。

第二，评估结果的广泛应用有利于经济社会的良性发展。采用新方法开展房地产批量评估并将其应用于政府事务、商业等各个领域，无疑会增强相关业务的公平性，也是发挥数字经济优势的明显体现。例如，高效的房地产税基评估有助于房地产税收规范化操作、提升征税信息化水平，并有利于强化房地产税征收的公平性，进而促进资源和财富的合理分配以及我国房地产行业的健康持续发展；精确的房地产批量评估所释放出来的价格发现功能有助于房地产开发企业在项目可行性研究中研判市场形势，明确更优的项目开发区位和市场定位，而不是仅仅依赖机构所统计的平均价格等数据，因此有利于房地产开发企业进行科学的项目投资决策，进而促进区域经济的可持续发展。

1.2 文献综述

1.2.1 国内外研究现状

最早的房地产批量评估思想可追溯到1919年，西方学者为了提升评估的高效性和一致性，将统计学的多元回归分析用于价值评估，开始了对批量评估的研究。但由于当时技术水平的限制，复杂的计算依赖人工完成，存在难度大、成本高的缺陷，因而未能广泛应用。到了20世纪70年代，随着计算机技术的发展和普及，房地产估价领域开始尝试计算机辅助批量评估，但是该阶段使用的房地产批量评估模型主要还是基于多元回归分析。20世纪90年代以后，地理信息系统（geographic information system，GIS）技术开始被用于收集和分析房地产的空间特征，机器学习算法开始被用于构建和校准房地产批量评估模型。房地产批量评估方法在融合这些先进技术之后得到快速发展，目前已涌现出大量关于批量评估的研究成果。本书通过整理分析具有一定代表性且能体现研究进程的文献，把房地产批量评估方法归为经典回归分析、空间回归分析、机器学习算法三类。

（1）经典回归分析

出现最早的房地产批量评估方法是经典回归分析，近些年仍有少量成果发表于核心期刊。如李文等（2013）选用哈尔滨市的房地产数据，通过逐步回归法建立多元线性回归模型，经检验模型评估质量良好[3]。张思雪等（2016）也以哈尔滨市的房地产数据为例建立多元线性回归模型，采用加权最小二乘法对模型进行参数估计，最终模型通过了统计学检验、计量经济学检验和经济意义检验，适用性得到验证[4]。杨杉和邓科（2015）则指出对数形式或对数线性形式的多元回归模型更适合房地产批量评估，为此他们选定对数线性形式的多元回归模型作为特征价格模型，借助成都市的存量住宅数据进行实证分析，结果表明各项评估指标均较为理想，模型可靠性很高[5]。从研究结果看，经典回归分析似乎并没有过时。Kilpatrick（2011）测试启发式专家系统在房地产批量评估中的有效性时发现，非参数统计提供的结果不如传统的多元回归，但为数据有限或概率函数特征不明确的情况，提供了一个有用的、可统计检验的模型[6]。

不过传统的多元线性回归模型建立在若干假定基础之上，包括随机误差项的正态分布假定、零期望假定、等方差及不相关假定，特征变量的非完全多重共线性假定等。这必然会导致模型假设检验的复杂性，还会影响模型的评估精度，越来越不能满足数据量大、房屋特征复杂、精度要求高的情况，为此有学者开展了提升模型评估精度的研究。Arribas 等（2016）认为，房地产批量评估中传统的多元回归模型使用普通最小二乘法求解没有考虑数据的层次结构，假设样本个体间的相互独立性是不现实的，因此他们提出使用多层线性模型来克服这一局限，实证研究的结果显示，多层线性模型表现更好[7]。余炳文和夏易（2016）为了使多元线性回归模型的校准过程能体现评估师的经验，把层次分析法应用于模型参数的修正，发现能改善模型的评估结果[8]。还有学者尝试通过进化多项式回归（evolutionary polynomial regression，EPR）来改进多元回归模型的求解过程。EPR 使用多目标遗传算法，搜索那些同时实现最大化数据准确性和数学函数简约性的模型表达式。Morano 等（2018）测试和比较了 EPR 与效用可加法在住宅物业批量评估中的应用，分析和阐述了两种方法实施的潜力与局限，以及将其联合应用来解释和预测房地产现象的可能性[9]。随后 Morano 等（2019）还使用 EPR 分别对三组不同城市的住宅样本同时实施批量评估，与对数线性形式的多元回归模型比较后发现，EPR 表现更好，有能力为不同地域环境分别生成独特的模型函数形式[10]。EPR 虽然具有极强的鲁棒性，但其对样本案例中的异常值比较敏感，可能会影响分析结果。

（2）空间回归分析

地理信息技术已经从不同环节渗入房地产批量评估中，如耿继进和何素芳（2011）对选取的部分深圳市二手住宅估价后，继续使用空间插值法实现对区域内所有房地产进行批量评估的目的[11]。然而空间插值法应用的前提是评估对象之间存在空间相关性，空间相关性的测量本身就具有一定争议，这样简单对空间关系的认定显然不具有说服力。为此，纪益成等（2015）从理论上分析了房地产市场空间相关性的来源，主要为房地产的特征、房地产价格的决定过程、特征价格模型的误设三方面，同时他们还发现，由市场比较法推导而来的房地产批量评估模型是空间误差模型的变形，空间误差模型中考虑的空间相关性是因模型忽略的与空间聚集相关的特征因素对各房地产样本影响而存在的[12]。房地产市场空间相关性的存在得到证实，并逐渐被考虑进房地产批量评估中。刘洪玉和李妍（2017）在实现写字楼批量评估的过程中构建了一个收益法与市场法混合的模型，该模型应用的前提同样是相似房地产集合内各房屋价格存在相关关系[13]。

随着空间分析技术的进一步成熟，空间滞后模型和空间误差模型被用来与经典线性回归模型进行比较，纪益成等（2015）、Zhang 等（2015）都以商业房地产为分析对象，将模糊数学用于确定空间权重矩阵，基于计量经济学探讨实体因素和区位因素对商业地产价格的影响，结果显示空间误差模型表现最好，可以用于房地产批量评估中[12,14]。Uberti 等（2018）、Bencure 等（2019）还将空间误差模型应用于土地价值的批量评估，并与经典线性回归模型进行比较，由模型评估效果检验指标可以看出，同样是空间误差模型性能更好，拟合效果更优[15,16]。Wang 等（2020）认为有必要利用房地产固有的时空特性，建立更加准确的房地产批量评估模型，为此他们以北京核心区数千个真实交易数据为样本，比较了地理加权回归模型、地理时间加权回归模型与多元回归模型的评估效果，结果表明地理时间加权回归模型表现最好，研究结论凸显了高密度居住区价格相关参数中空间特征的重要性[17]。的确，地理统计学的局部回归方法在模型的可解释性、可靠性和准确性方面具有优势，在与多元回归分析和人工神经网络的对比中，地理加权回归提供了直接性能和方法透明度的最佳平衡，这种利用绝对位置的空间加权方法似乎代表了批量评估实践的发展方向（McCluskey 等，2013）[18]。

（3）机器学习算法

房地产批量评估中，机器学习模型能将房地产特征对价格的非线性影响和交互影响考虑在内，对特征之间、特征与价格之间的复杂关系进行深度学习，从而提升估值准确性（公云龙、杨雨涵，2022）[19]。诸多学者尝试将支持向量机（support vector machine，SVM）、集成学习、人工神经网络等机器学习算法用于房地产批量评估，出现了大量研究文献。Zurada 等（2011）的研究很具有代表性，他们比较了多种基于回归分析和机器学习的房地产批量评估方法，包括传统的多元回归分析，以及非传统的加法回归、M5P 树、使用序列最小优化回归的 SVM，还有基于人工智能的人工神经网络、径向基函数神经网络、基于记忆的推理，在某些模拟场景下，非传统的回归分析方法在数据集同质性较高的情况下表现得更好，基于人工智能的方法则在数据集同质性较低的情况下表现较好[20]。

①支持向量机。同时期，我国学者也开始将机器学习算法应用于房地产批量评估，如龚科等（2010）构建了一个基于最小二乘支持向量机（least squares support vector machine，LS-SVM）的物业税税基批量评估模型，代入单个小区的交易数据验证发现，样本量较小的情况下，该模型仍具有较高精度，但在选用的样本量增加、样本分布区域扩大之后，必须充分考虑影响房产价格的各类因素，否则模型精度将降低[21]。之后还有学者将 SVM 用于房地产整体估价模型的改进，SVM 凭借小样本评估时较高的准确性，在整体估价模型比价系数的预测上取得了不错的效果，最后评估模型在训练集和测试集上取得相近且良好的结果（刘璐、施昆昊，2018）[22]。潘巍和晋松（2019）则比较了基于 LS-SVM、SVM 和人工神经网络的房地产估价模型，发现基于 LS-SVM 的批量评估模型准确率最高且模型训练速度最快[23]。

相较于传统的多元线性回归，SVM 的使用不存在诸多基本假定，进而模型设定较为简单，所需的样本容量也较小。对比人工神经网络，SVM 收敛速度快且不会出现陷入局部最优解和过拟合的问题，LS-SVM 则是 SVM 的改进，能进一步加快收敛速度。但是 Zurada 等（2011）的研究发现仍不能忽视，数据集较低的同质性不利于基于 SVM 构建的房地产估价模型的评估准确性，筛选样本时应尽量选择与评估对象相似的交易案例[20]。因此，基于 SVM 的房地产估价模型更适合小范围同质房地产的批量评估。

②集成学习。集成学习算法主要可分为 Bagging 系列的并行算法和 Boosting 系列的序列式算法，在房地产批量评估领域都有应用。

回归树是一种应用于因变量为连续变量的决策树，随机森林则是一种由 Bagging 算法改进的基于回归树的组合算法。该算法对多重线性依赖、数据缺失、数据不平衡等问题具有较好的鲁棒性，还可以有效解决回归树模型因节点分裂深度过大而产生过拟合的问题。随机森林最早由 Antipov 和 Pokryshevskaya（2012）应用于房地产批量评估，观察其使用住宅公寓数据的实证研究结果发现，该方法无论是在训练集还是测试集都能保持较高的准确性，同时还证明了该方法在样本中存在异常值、缺失值时的稳定性，及正确处理具有多个层次分类变量的能力[24]。陈诗沁和王洪伟（2020）基于特征价格理论和上海市二手房交易数据，从信息增益角度运用随机森林评价每个特征的重要性并据此筛选后，构建多元线性回归、人工神经网络和随机森林批量评估模型，对比各模型的泛化结果发现，随机森林模型评估误差最小，拟合优度最高，并提出了评估模型中分类变量较多致使随机森林效果好于人工神经网络的观点[25]。Yilmazer 和 Kocaman（2020）根据土耳其土地登记和地籍总局汇编的现代化地籍数据，比较了多元线性回归和随机森林模型在房地产批量评估中的应用，并取用训练数据的子集作随机测试，发现随机森林模型的拟合优度略高[26]。公云龙和杨雨涵（2022）从评估精度、泛化能力和经济解释三方面对比了随机森林模型、特征价格模型、支持向量回归模型和 BP 神经网络模型，发现随机森林模型在房地产估价中的精度高于其他模型，且在测试集上的表现稍好于在训练集上的表现，显示出稳定的泛化能力，另外随机森林对变量重要性的评价还能揭示房地产价格的构成特征，适合实践应用[19]。可见在房地产批量评估中，随机森林模型在评估精度和泛化能力上具有一定优越性，并且凭借较少的超参数和无须反复迭代运算，其建模、调参和运算速度相较于人工神经网络也具有优势。

Catboost 算法属于 Boosting 算法中的一种，它是在梯度提升决策树框架上改进而来的，解决了梯度提升决策树的梯度偏差和预测偏移问题，减少了模型过拟合的发生。Catboost 算法能高效处理类别型特征，所需调节的参数少而准确率极高，应用领域在逐渐拓宽，现已出现在房地产批量评估研究中。杨智璇和张继瑜（2022）比较 Catboost 模型、多元线性回归模型、随机森林模型在房地产批量评估中的效果，发现 Catboost 模型相较于另外两个模型准确率提升很大，该模型在保持了明显的非线性拟合优势的同时建模工作量最低[27]。杨艺璇和刘超（2022）同样证实了基于 Boosting 算法的模型在房地产估价中的评估精度高于多元线性回归、随机森林、神经网络等机器学习模型，他们还进一步利用贝叶斯优化算法改进 Xgboost 模型、Lightgbm 模型和 Catboost 模型的超参数，从测试集的结果看，三个模型的平均绝对误差和平均相对误差都有所降低，改进的效果良好[28]。但是基于 Boosting 算法的评估模型存在与人工神经网络模型类似的问题，作为一种复杂的非线性模型，其不具备类似于多元线性回归模型的显性表达式输出。

③人工神经网络。人工神经网络能够很好地处理非线性问题，相比于前几种机器学习算法，其在房地产批量评估领域的应用得到更多专家和学者的关注。与 Zurada 等（2011）的工作类似[20]，Chun Lin 和 Mohan（2011）研究了当时在美国使用最广泛的多元线性回归模型、可加性非参数回归模型和人工神经网络模型的预测精度，两位作者发现三种方法在评估中低价位住宅时精度比较接近，并且具有可靠性和很好的成本效益，但在评估高价位住宅时人工神经网络模型的表现更好[29]。不过能否成功地应用于房地产批量评估与该技术具有优越的预测能力同等重要，人工神经网络经常由于“黑箱”特性被质疑。还有研究指出人工神经网络模型的预测精度不及非线性回归模型，加之人工神经网络的输出不够透明，无法提供一个明确的评估模型，因而认定其在房地产批量评估中并不具备绝对优势（McCluskey 等，2012）[30]。此外，虽然人工神经网络具有较好的自组织性、自适应性及鲁棒性，但其易陷入局部最优，且存在过度适应数据的倾向，有可能导致模型应用于新数据时迅速恶化。

人工神经网络的训练大多采用 BP 算法，但 BP 神经网络模型存在收敛速度慢、容易陷入极值陷阱等问题。因此有学者尝试在训练人工神经网络时将两种或两种以上的算法相结合，起到优势互补的作用，从而提升人工神经网络的性能。吕霁（2014）提出了一种结合遗传算法（genetic algorithm，GA）和 BP 神经网络的房地产估价模型，该模型运用 BP 神经网络确定房地产价格影响因子与评估价格间的函数映射关系，再用 GA 算法优化 BP 神经网络的权值和偏置，从测试集的预测结果可以看出，相较于未改进前，改进后的模型拟合效果更好，同时该模型收敛速度快、学习过程中不易陷入局部最优[31]。Yacim

等（2016）则引入了布谷鸟搜索算法（cuckoo search，CS）来帮助优化人工神经网络，并将其与BP算法、莱文伯格－马夸尔特算法（levenberg-marquardt，LM）结合，从研究结果可以看出，基于CSLM算法、CSBP算法的房地产估价模型，无论是准确率还是均方误差或均方根误差都优于单独的BP算法，自此CS算法作为一种元启发式算法被引入房地产批量评估行业[32]。随后，Yacim和Boshoff（2018）又探讨了粒子群优化算法（particle swarm optimization，PSO）和BP算法在人工神经网络权值优化和训练中的应用，研究发现将PSO算法与BP算法结合，在全局和局部搜索属性权重，能够提高人工神经网络的预测精度，并且由于其显示了属性的相对重要性，模型的透明性得到增强，两种算法结合在房地产批量评估中的有效性得到证实[33]。此外，蚁群算法和萤火虫算法等多种算法也可以用于人工神经网络的优化，但还未应用在房地产批量评估领域。

1.2.2 研究述评

基于经典回归分析的房地产批量评估研究最初主要依赖于多元线性回归，随后出现了一些新研究方向，例如使用多层线性模型考虑数据的层次结构、应用层次分析法融入评估师的经验、采用EPR改进模型求解过程等。基于空间回归分析的批量评估研究从最初的空间插值法应用及房地产市场空间相关性理论探究，逐渐深入到空间滞后模型、空间误差模型的应用，再发展到尝试强调房地产固有时空特性的地理加权回归模型、地理时间加权回归模型。机器学习算法是当前的研究热点，其中基于SVM的批量评估模型适合较小范围内同质性房地产的估价，其优势在于能提供清晰的表达式输出；基于集成学习的批量评估模型在评估精度和泛化能力上展现出显著优势，并具备较好的改进潜力，但缺失表达式输出；基于人工神经网络的批量评估模型在处理价格极端的样本案例时效果优于其他模型，但同样缺失表达式输出，并且当前使用的模型普遍结构简单，未能充分发挥人工神经网络潜在的强大性能。

尽管现有的房地产批量评估方法种类繁多，但目前尚缺乏一个被广泛认可的研究结论来界定这些方法的适用性和可靠性。同时，对房地产价格影响因素的选择和量化也没有被广泛认同的研究结论。此外，以往的房地产批量评估研究还普遍存在几个共性问题。一是绝大多数房地产批量评估模型都为静态结构，模型一旦完成构建，测试阶段将对所有输入样本都采用固定的模型架构和模型参数进行推理，这将在一定程度上限制模型的推理效率、可解释性和表征能力。二是为使部分房地产批量评估方法实现理想评估效果，需要预先对房地产价格影响因素作筛选，或通过样本分区、样本聚类等手段按相似度对样本案例进行分类处理再分别评估。这些做法会导致有效特征信息的浪费和实际操作流程的复杂化，限制房地产批量评估的可操作性、可推广性。三是由于房地产样本数据集的缺失和特征信息搜集技术的不成熟，大部分房地产批量评估研究仅搜集较小区域范围及较短时间范围内的样本案例，并且考虑的房地产价格影响因素不够全面，不利于构建泛化能力强、结果精度高、参数及结构复杂的智能化模型。

针对当前房地产批量评估研究所面临的挑战，本书拟重新构建一个准确可靠且样本充足的房地产样本数据集，支撑开发出泛化能力强、结果精度高、参数及结构复杂的新型批量评估模型，并依托动态神经网络设计理念中的动态深度设计思路，设计一个具备可操作性、可推广性的动态神经网络模型，解决现有的大部分房地产批量评估模型因静态推理而存在的推理效率低、可解释性不足等问题。同时，为保证该动态神经网络模型具备改进潜力，将其设计为一个灵活的框架，模型中的特征提取单元和决策单元能够自由设置。

1.3 主要研究内容

第 1 章　绪论

首先，通过背景研究和文献综述，发现房地产批量评估的需求正在增加，但现有的批量评估方法存在一些共性缺陷，基于人工神经网络的批量评估模型存在一定不足。其次，提出将研究方向确定为构建一个动态神经网络模型用于房地产批量评估，来解决这些问题。最后，介绍了本书的研究方法、技术路线、创新点。

第 2 章　相关概念及理论基础

首先，介绍了房地产的概念与房地产批量评估的概念。其次，详细论述了房地产单宗评估和批量评估的理论基础，并从发展历程角度对常用的房地产单宗评估方法和批量评估方法进行梳理。最后，介绍了动态神经网络的概念及设计思路，并从理论角度论证了动态神经网络用于房地产批量评估任务的可行性。

第3章 房地产批量评估数据集构建

首先，对评估区域和研究对象进行了详细介绍。其次，在分析确定房地产价格影响因素之后，使用爬虫和GIS技术获取二手房交易数据及样本案例特征信息，并借助GIS软件的数据管理能力构建出房地产批量评估原始数据集。再次，从原始数据集中筛选出符合研究需求的样本案例，并制订合理的量化策略对其作量化处理。最后，妥善处理量化后的数据集中存在的异常值和缺失值，得到最终的房地产批量评估数据集。

第4章 房地产批量评估模型设计

首先，介绍了本书设计的动态神经网络模型的整体框架结构。其次，详细叙述了动态神经网络模型的编码部分、主干部分、输出部分如何分别使用Tokens-to-token模块、ViT模型、全连接层来实现，以及如何通过信息复用机制将上游子模型提取到的有价值信息传递给下游子模型。

第5章 房地产批量评估实证研究

首先，介绍了选用的模型评估效果检验指标，以及基于5折交叉验证的数据集划分方式。其次，介绍了动态神经网络模型的训练环境，以及模型训练时的调参流程和最终的训练参数设置。再次，验证了动态神经网路模型中，关系复用和特征复用在提升模型评估效果上的有效性。最后，分析模型的评估结果，得出该模型在房地产批量评估任务中具有应用价值的结论。

第6章 房地产批量评估方法对比分析

首先，详细介绍了构建多元回归模型过程中的函数形式选择、参数估计、假设检验、模型校准等流程，以及构建BP神经网络模型时模型的结构设计及训练参数设置。其次，将动态神经网络模型与多元回归模型、BP神经网络模型进行评估效果对比，并分析各模型的评估效果差异。

第7章 结论与展望

总结本书的研究结论，分析研究的不足之处，提出改进策略。

1.4 研究方法及技术路线

1.4.1 研究方法

（1）网络爬虫及空间分析方法

房地产样本案例的个体特征主要通过网络爬虫方法爬取二手房交易平台的历史交易数据获得；区位特征则利用样本案例的经纬度信息结合地图服务商的历年兴趣点（point of interest，POI）数据通过空间分析方法获得，主要使用的是最近焦点分析和分层缓冲区分析。

（2）统计分析方法

本书对不可量化表示的房地产价格影响因素通过虚拟值法或分级打分法进行量化，并对距离和数量敏感程度不同的价格影响因素进行了差异化的数据处理；采用指数平滑方法对较难衡量的社会经济因素进行了前期处理；同时，采用删除、替换及其他统计方法对缺失值和异常值进行了前期处理。

本书选用决定系数（R^2）、平均绝对百分比误差（mean absolute percentage error，MAPE）、平均绝对误差（mean absolute error，MAE）、均方根误差（root mean square error，RMSE）作为房地产批量评估模型的评估效果检验指标对其进行检验。

（3）动态神经网络方法

本书基于动态神经网络中的动态深度方法，设计由多个子模型级联、执行深度由决策单元控制的动态神经网络模型用于房地产批量评估。该模型处理不同测试样本时，可以由决策单元自适应决定激活下游子模型或执行退出。这样的模型结构设计能提升模型的推理效率和可解释性。

1.4.2 技术路线

本书设计了一个动态神经网络模型用于房地产批量评估，通过与传统的多元回归模型、BP 神经网络模型进行比较，验证该动态神经网络模型的评估效果和适用性。技术路线如图 1-1 所示。

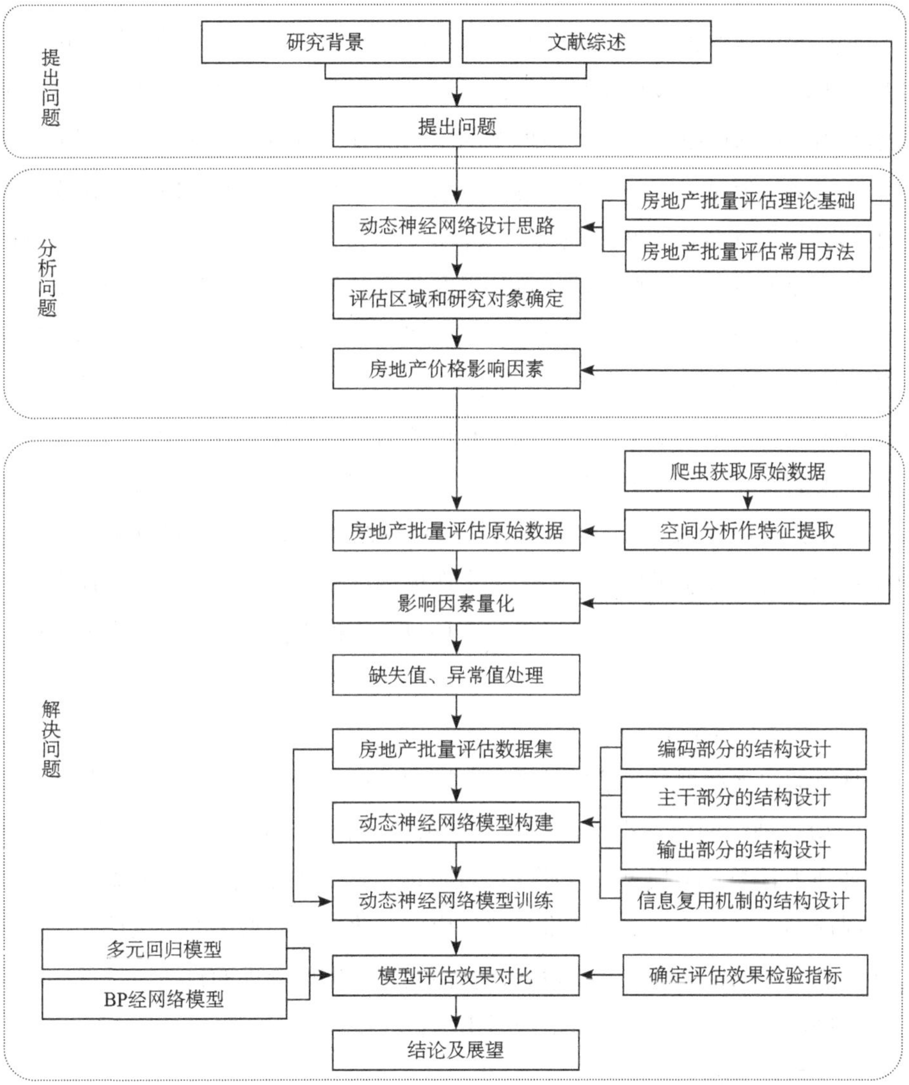

提出问题
研究背景
文献综述
提出问题
分析问题
房地产批量评估理论基础
房地产批量评估常用方法
动态神经网络设计思路
评估区域和研究对象确定
房地产价格影响因素
解决问题
爬虫获取原始数据
空间分析作特征提取
房地产批量评估原始数据
影响因素量化
缺失值、异常值处理
房地产批量评估数据集
编码部分的结构设计
主干部分的结构设计
输出部分的结构设计
信息复用机制的结构设计
动态神经网络模型构建
动态神经网络模型训练
多元回归模型
BP经网络模型
模型评估效果对比
确定评估效果检验指标
结论及展望

图1-1 技术路线

1.5 创新点

（1）方法应用创新

现有的房地产批量评估模型基本都为静态结构。本书基于动态神经网络设计理念中的动态深度设计思路，设计了一个级联多个子模型得到的动态神经网络模型用于房地产批量评估。在模型的编码部分，将原始样本数据分别编码为数量逐层增加但维度保持不变的输入 token 分别提供给各层子模型。在模型的主干部分，先在各层子模型的输入 token 上拼接一个回归 token，再将得到的输入序列导入各层子模型。用作特征提取单元的各层子模型都设置为深度学习中流行的 ViT 模型，由于其中注意力机制的使用，最终输出的回归 token 将蕴含所有输入 token 的深层次信息。随着各层子模型输入 token 数量的逐层增加，以及下游子模型对上游子模型提取的有价值信息的复用，处于深层的子模型将具备更大的参数空间和更强的表达能力。在模型的输出部分，设置一个全连接层将深度提炼的回归 token 转化为最终的评估结果。此外，还设计了一个智能决策单元放置于各层子模型之后，负责在模型推理阶段根据不同测试样本自适应选择激活下游子模型或执行退出。这种自适应推理范式不仅能提升模型推理效率，还能增强其可解释性。

（2）模型结构设计创新

现有的房地产批量评估模型大多因模型结构的限制而改进潜力有限。本书设计的动态神经网络模型提供的是一个灵活的框架，模型中的特征提取单元可以替换为各类 ViT 模型，以便在出现特征提取能力更强或效率更高的新 ViT 模型时能够将其用于该房地产批量评估模型的改进；模型中的决策单元还能通过额外训练策略网络等方式来设置，从而实现更准确合理的自适应推理。因而该动态神经网络模型具备较好的改进潜力。

（3）数据集构建创新

当前研究缺乏权威的房地产样本数据集。本书收集了整个市域范围内的长时间跨度的二手房交易数据，并基于样本案例的经纬度信息及成交时点，在地图服务商历年的 POI 数据上准确提取样本案例在成交时点的区位特征，辅以构造调整系数来表示不同时点不同区域的社会经济状况。完成数据收集后对非量化指标进行了量化分析，对缺失值、异常值等进行了严格处理，从而得到新的用于房地产批量评估模型训练和测试的数据集。这种数据集构建方案能避免人工搜集房地产交易数据及样本案例特征信息可能存在的主观随意性，还能提高数据集构建工作的专业性，为权威房地产样本数据集缺失的情况提供一个解决方案，为设计泛化能力强、结果精度高、参数及结构复杂的智能化模型打下坚实基础。

第 2 章　相关概念及理论基础

2.1　房地产及批量评估的相关概念

2.1.1　房地产的概念

房地产通俗来说是指土地及土地上的建筑物和其他附着物。但随着时代发展，房地产的内涵和外延不断扩展，可以将其定义为土地及土地上的建筑物和其他附着物，以及与所有权相关的权利和利益，整体上属于实物和权益的综合体（张然，2015）[34]。

房地产的种类繁多，可从不同维度对其进行分类。按照使用性质，常见的房地产大致可分为商业类、工业类、住宅类三类。由于不同类型房地产的价格影响因素存在巨大差异，实施房地产批量评估之前需要明确评估对象。住宅类房地产在房地产市场上的交易最为活跃，以其作为房地产批量评估的研究对象容易获得充足的样本数据。因此本书以住宅类房地产作为研究对象。

2.1.2　房地产批量评估的概念

多个国际评估组织对房地产批量评估的内涵进行了界定，如表 2-1 所示。

表2-1　房地产批量评估的定义

国际评估组织	定义
国际估价标准委员会（IVSC）	在给定的时间，使用系统的方法，对结果进行统计检验与分析的评估技术

续表

国际评估组织	定义
国际估税官协会（IAAO）	使用共同的数据、标准化的方法及统计检验技术，评估一组房地产在确定日期的价值
美国评估促进会（AF）	使用系统的方法和相同的模型，并考虑统计检验与分析，对大量资产进行评估

上述三个定义中都强调了几个关键点。一是方法的统一性，实施批量评估时必须采用标准化的方法。二是统计检验的重要性，强调通过统计检验来调整模型，确保批量评估的准确性与合理性。三是相同的数据，保证批量评估具有可实施性。四是相同的时间，于某个时间内实施批量评估才具有一致的估价。

本研究认为，房地产批量评估是基于类似的数据基础，采用标准化的方法，综合运用模糊数学、数理统计、计算机科学、GIS 等多个学科的技术，在特定时点对大批量房地产进行评估，并检验评估结果质量的方法（张然，2015）[34]。批量评估能降低评估的工作量、提高评估的效率，批量评估工作的程序化会使评估结果更加公正客观，准确率和一致性有保证。

2.2　房地产批量评估的相关理论与方法

2.2.1　房地产单宗评估

（1）理论依据

房地产单宗评估中，效用决定论、劳动价值论、收益决定论、供求决定论四种理论能作为房地产价格形成的主要理论依据（常青，2010）[35]。原因在于，商品价格的形成主要可由这四种理论来解释，房地产作为商品的一种特殊形式，其价值同样能用这四种理论来衡量。效用决定论认为，商品效用的大小决定价值的高低，房地产的效用类似，因而其价值也类似。劳动价值论认为，商品价值取决于获取其所需付出的劳动，房地产的价值来源也是获取其所需付出的劳动。收益决定论认为，商品价值可以由其未来所能带来的收益来衡量，房地产同样能为所有者带来收益，因而能用收益来衡量其价值。供求决定论认为，自由市场中商品的供求关系会影响其价格，房地产市场也同样如此。

（2）常用方法

房地产单宗评估通常使用市场比较法、成本法、收益法三大基本方法。其中，市场比较法来源于效用决定论；成本法来源于劳动价值论；收益法来源于收益决定论。而供求状况是最终价格的重要影响因素，其他估价方法大多是在三大基本方法之上派生出来的（常青，2010）[35]。学者们普遍认为，房地产单宗评估在评估需求不大时适用，对于市场化程度较高、容易获取可比交易数据的案例，通常选用市场比较法；对于不公开交易的公共房地产或特殊房地产，通常选用成本法；对于收益和风险均可实现量化的商业或工业房地产，通常选用收益法。但是，单宗评估缺乏其他先进理论和方法的指导，因而需要专业评估人员参与，存在成本高、效率低、易受主观因素影响的问题。随着房地产评估需求的增加，单宗评估已无法满足评估需求，批量评估的出现是必然。

2.2.2 房地产批量评估的理论依据

房地产批量评估理论是由单宗评估理论发展完善而来，因而两者之间存在一定差异，这些差异主要体现在价值形成角度及方法依据角度（张然，2015）[34]。

从价值形成角度来看，特征价格理论及区位理论是批量评估中房地产价值形成的重要理论依据。特征价格理论认为，消费者对商品的需求基于商品包含的特征属性而不是商品本身，当商品作为这些特征属性的集合出售时，商品价格由其包含的特征属性所决定（金桂荣，2012）[36]。特征价格模型常用来处理异质商品价格与其特征之间的关系，房地产作为典型的异质性商品，学者们普遍认为其价值取决于区位特征、建筑特征[5]（杨杉、邓科，2015）。区位理论同样能指导合理构建房地产批量评估模型。相较于古典区位理论，现代区位理论扩展了区位选择考虑的因素范围，强调对微观经济主体和宏观经济主体空间经济活动的分析（田中山，2010）[37]。在关注房地产区位特征及建筑特征的同时，还要重点关注微观及宏观经济环境。

从评估方法角度来看，房地产批量评估在传统的市场比较法、成本法、收益法三大基本方法之上，融合了模糊数学、数理统计、计算机科学、GIS 等技术，有助于提高房地产评估的现代化和系统化水平。在构建房地产批量评估模型时，模糊数学对于精确量化房地产的定性特征至关重要，能将不易量化的房地产特征数据转换为可计算的模糊变量。数理统计作为统计学的一个分支，在房地产批量评估中发挥着巨大作用，从数据准备阶段的描述性统计，到筛选特征变量用到的相关性分析、多变量分析等，再到模型校准阶段的推断统计、回归分析等，这些数理统计方法共同确保了评估过程的科学性和结果的准确性。计算机科学在处理庞大的房地产数据集方面具有优势，而 GIS 技术则能高效管理和分析房地产的空间特征数据，两者在批量评估中的应用价值得到广泛认可。随着房地产批量评估方法的不断创新，未来还将有新理论来指导批量评估实践。

2.2.3 房地产批量评估的常用方法

IAAO 将现有的房地产批量评估模型构建及校准技术归纳为 4 类，分别是多元回归分析、适应估价技术、时间序列分析及人工神经网络。其中，适应估价技术和时间序列分析的限制条件较多、可实现性较差，目前主要集中在模型研究上，离实际应用还有较大差距（刘昌贤，2019）[38]。本书重新整理分析具有一定代表性且能体现研究进程的文献，发现目前常用的房地产批量评估方法可归纳为经典回归分析、空间回归分析、机器学习算法三类。

在经典回归分析中，最早用于房地产批量评估的是多元线性回归。鉴于房地产价格与其特征变量之间不一定是线性关系，学者们进一步探索了各种不同函数形式的非线性多元回归模型。近期还出现了一些新的研究方向，如多层线性模型、EPR 等。在空间回归分析中，考虑到房地产市场中存在的空间相关性，空间误差模型和空间滞后模型被用于房地产批量评估。此外，为了更好地捕捉房地产的时空特性，地理加权回归模型和地理时间加权回归模型也被广泛采用。

基于多元回归理论构建的房地产批量评估模型存在一定缺陷，其使用往往需要预先设定具体的函数形式。但房地产价格与其特征变量之间的关系错综复杂，很难用某种确定的函数形式来表示。相比之下，基于机器学习算法构建的模型则无须预先设定函数形式，逐渐成为房地产批量评估的研究热点。在实际应用中，基于 SVM、集成学习、人工神经网络等机器学习算法构建的批量评估模型均展现出了良好的性能。特别是人工神经网络凭借非线性动态拟合的特性，能够有效地揭示并存储房地产价格与其特征变量之间的关系，从而为房地产批量评估提供了一种强有力的方法（王阿忠、李倩，2019）[39]。

2.3 动态神经网络的概念及设计思路

2.3.1 动态神经网络的概念

深度神经网络在 CV、NLP 等领域发挥着重要作用，近些年不断有新的深度神经网络模型出现，如 AlexNet（Krizhevsky et al，2017）[40]、VGG（Simonyan、Zisserman，2014）[41]、GoogLeNet（Szegedy et al，2014）[42]、ResNet（He et al，2015）[43]、Transformer（Vaswani et al，2017）[44]、BERT（Devlin et al，2018）[45] 等。但当前流行的深度神经网络模型大多为静态模型，这类模型一旦完成训练，测试阶段将对所有样本都采用相同的架构和参数进行推理，其推理效率、可解释性及表达能力会受限制。动态神经网络则是一种能在测试阶段根据不同输入样本，自适应其拓扑或参数的神经网络，拥有许多静态神经网络不具备的优越特性（Han et al，2022）[46]。

动态神经网络的核心思想是自适应推理，按自适应推理方式的不同，可分为样本自适应、空间自适应、时间自适应三类（Han et al，2022）[46]。样本自适应动态神经网络能针对不同输入样本自适应调节其结构或参数，可进一步分为动态结构和动态参数两个类别。动态结构的主要作用是给“简单”样本分配更少的计算资源从而提升运算效率，动态参数则主要是为了在增加尽可能少的计算资源的情况下提升网络的表达能力。空间自适应、时间自适应动态神经网络分别从样本的空间、时间维度进行自适应推理，是更细粒度的动态模型。空间自适应动态神经网络被设计用来对图像输入从空间维度进行自适应推理。根据动态运算的粒度，可以进一步将其分为像素级、区域级和分辨率级三个级别。时间自适应动态神经网络被设计用来对文本、视频等时序数据从时间维度进行自适应推理。通过为非关键位置的输入分配较少计算资源，或仅在部分采样出的时间位置执行计算来节约算力。动态神经网络的分类如图 2-1 所示。

相较于静态神经网络，动态神经网络的优势主要有以下几方面。推理效率方面，动态神经网络能选择性激活网络中的模块，从而在测试时能按需合理分

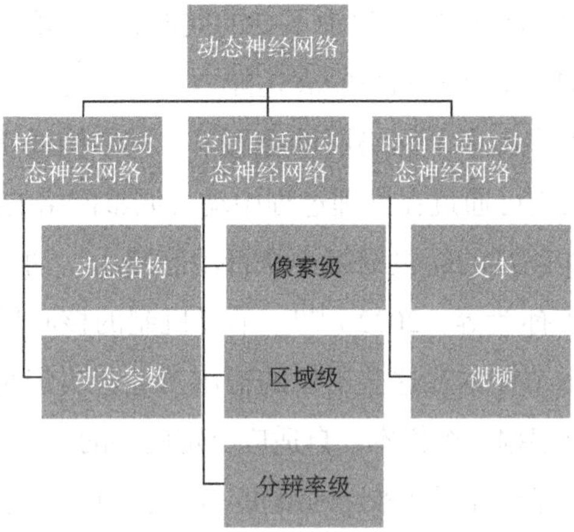

图2-1　动态神经网络的分类

计算资源、提高推理效率；表达能力方面，动态神经网络能动态调节网络的架构或参数，从而能显著扩大参数空间，提升表达能力；自适应性方面，动态神经网络在不同硬件平台和变化环境中的适应性更强，能在精度和效率之间取得平衡，适应不同的计算预算；可解释性方面，动态神经网络与人脑都以动态机制处理信息，该性质有助于解释深度神经网络的决策过程；兼容性方面，动态神经网络能与深度学习中的其他先进技术兼容，包括架构设计、优化算法和数据预处理等；通用性方面，动态神经网络作为静态神经网络的改进，应用范围涵盖图像分类、目标检测和语义分割等多个领域（Han et al，2022）[46]，并且仍在持续拓展。

2.3.2　动态神经网络的设计思路

空间自适应、时间自适应动态神经网络主要是针对处理图片、文本、视频等数据设计的，房地产批量评估问题更适合构建样本自适应动态神经网络来解决，因此着重介绍样本自适应动态神经网络的设计思路。根据网络动态变化的主体，样本自适应动态神经网络通常从动态结构和动态参数两个角度进行设计。动态结构指通过调整推理过程中网络的结构，来对每个样本分配适当的计算，在节省对典型样本的冗余计算的同时，有效保留对非典型样本的表达能力。与静态神经网络的加速技术相比，这种特性在效率上具有显著优势。动态参数则指保持网络结构在推理过程中不变的同时，使网络参数适应每个样本，以最小化计算成本增加来提升网络的表达能力。

深度神经网络大多由多个网络层堆叠而来，其结构通常包含深度和宽度两个维度。因此动态结构可通过在推理过程中动态调整网络的深度和宽度来实现，或是在包含多个可能路径的超级网络中执行动态路由。动态深度的实现包含早退与跳层两种思路（孙毅等，2022）[47]。早退机制的核心思想是在网络的浅层设置出口，并根据每个样本在这些出口的输出自适应决定是否提前退出。跳层机制的核心思想则是根据每个样本，自适应决定网络的每个中间层是否执行。动态宽度的实现是在推理执行深度神经网络每一层的同时，根据输入样本选择性激活各层网络中的神经元、分支或通道，可以看作一种更细粒度的条件计算形式。若是在包含多个可能路径的超级网络中，则可以采用一定的路由机制，为到达网络内部节点的样本或特征分配不同的路径，从而实现动态路由。由于深度神经网络具有逐层顺序执行的特点，当具有动态深度时，其运行效率通常更为良好。

动态结构的网络通常需要特殊的结构设计、训练策略或超参调整等，实现动态参数则无须这些操作。动态参数的研究主要可以分为参数调整、权重预测、动态特征三类。参数调整的典型做法是在推理过程中根据输入样本调整权重，实现过程中仅需消耗很少的计算资源。权重预测相较于参数调整更加直接，在测试时直接使用独立模型根据输入样本生成网络的参数。这两种方法的效果都是产生更动态、更多样的特征，从而增强深度模型的表达能力。为实现这个目的，还有一个等效的方法是直接针对特征进行动态加权，简单来说就是对线性变换的输出进行加权，等效于先对参数加权再执行线性变换。

样本自适应动态神经网络的设计思路如图 2-2 所示。

人工神经网络用于房地产批量评估的可行性已得到广泛认同，但当前基于人工神经网络的房地产批量评估研究大多以改进现有模型为目标，较少尝试寻找评估质量更高的神经网络模型。加之当前使用的神经网络模型普遍过于简单，通过改进模型来提高评估精度的效果有限。随着近些年深度学习技术的快速发展，出现了很多新结构、性能强大的深度神经网络模型，尝试将这些深度神经网络模型用于房地产批量评估似乎是一个不错的研究方向。这些模型在表征能力提升的同时，网络的深度和宽度也随之增加，模型对计算资源和存储资

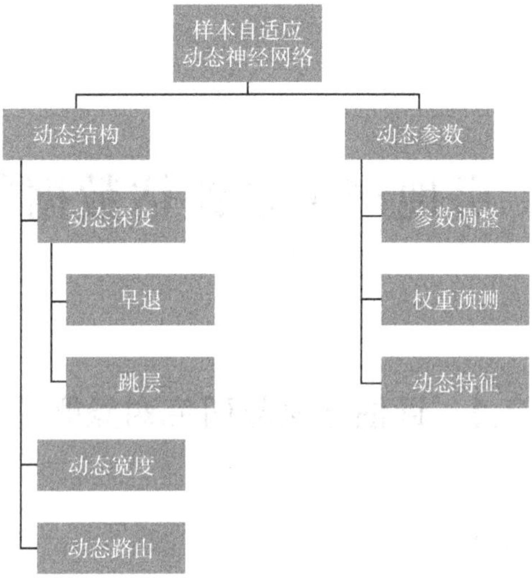

图2-2　样本自适应动态神经网络的设计思路

源的需求也随之变大。但并非所有输入样本都需要同样深度或宽度的神经网络结构来处理，使用过于复杂的模型结构处理简单问题反而会造成计算资源浪费。在这种情况下，设计动态结构的神经网络模型能完美解决这个问题，因此本书决定基于深度神经网络构建一个动态神经网络模型用于房地产批量评估。

查阅现有的研究成果发现，实现动态神经网络最经典的做法是通过级联或并行的方式，构建多个模型的动态集成，并依据输入样本自适应激活这些模型。本书决定以动态深度为设计思路，建立一个级联多个子模型的动态神经网络用于房地产批量评估。该动态神经网络模型在测试阶段能根据不同输入样本，自适应决定下游子模型的激活与否，并利用早退机制来节约计算资源。模型中的效益增益主要来源于编码部分为各层子模型提供的编码维度不变但元素数量逐渐增加的输入序列，以及信息复用机制。该动态神经网络模型将拥有更大的参数空间，能捕获房地产特征与价格间更复杂的关系，在表征能力上具有优势。凭借自适应机制，模型推理效率能够得到提高，从而能更快速对大量房地产进行评估。加之其推理流程与人工决策流程较为相近，在房地产批量评估中使用能提升评估工作的可解释性，一定程度上弥补人工神经网络“黑箱”的缺陷。不仅如此，动态神经网络还能与其他先进的机器学习技术融合，存在提升潜力。

第 3 章　房地产批量评估数据集构建[1]

3.1　评估区域与研究对象概述

3.1.1　上海市发展现状

上海坐落于中国东部沿海的中心地带，是中国重要的经济、文化中心。凭借雄厚的经济实力，其 GDP 总量长期位居中国城市之首。凭借独特的海派文化，展现出深厚的文化内涵和国际风采。同时，上海的城市空间结构复杂，充分体现了"一核多极"模式。"一核"指的是黄浦区这样的传统市中心，不仅是上海的政治和经济中心，也是文化和交通的枢纽。"多极"则指市中心以外的多个区域中心，如浦东新区以金融贸易和高新技术产业闻名，闵行区以教育科研和现代制造业为特色，杨浦区则以教育科技和文化创意产业为主等。这些区域虽各具特色，但与市中心有着密切联系，共同构成了上海发展的多个增长点。"一核多极"的布局有助于分散城市的发展压力，促进资源的合理分布与各区域的均衡发展。不同区域的房地产市场也因此展现出鲜明的区位差异，具有研究价值。本书的目标是构建一个适用范围广泛的房地产批量评估模型，因此以上海市全域为评估区域。

[1] 第 3 章、第 4 章和第 5 章的部分内容已发表，引用文献格式为：Chen C, Ma X, Zhang X. Empirical Study on Real Estate Mass Appraisal Based on Dynamic Neural Networks[J]. Buildings. 2024, 14(7):2199.

3.1.2 上海市二手房市场现状

根据最新的统计数据，上海拥有超过 2400 万常住人口。庞大的人口基数催生出强劲的住房需求，使得住宅类房地产在房地产市场上异常活跃。在住宅类房地产的交易中，二手房占据了很大比例，最近年份的二手房成交量如图 3-1 所示。

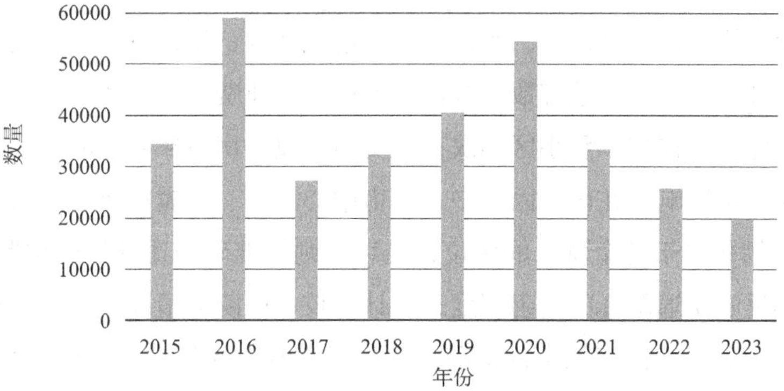

图3-1 “链家”平台的上海市历年二手房成交量

上海市的二手房交易量很大，目前已经累积了大量二手房交易数据。本书决定以上海市的二手房为研究对象，构建房地产批量评估数据集用于批量评估研究。这样做一方面能够得到充足的样本数据，保证房地产批量评估模型的精度和可靠性，另一方面也能更好地为实际使用服务。

3.2 数据集构建

3.2.1 房地产价格影响因素分析

在房地产批量评估中，理论上考虑的价格影响因素越全面，越能完整描述房地产的真实价值。以往受限于高质量房地产交易数据库和房地产特征信息搜集手段的不成熟，可供分析的价格影响因素并不多。学者们通常结合研究对象的特点，运用专家咨询法确定价格影响因素（金桂荣，2012）[36]，这种做法难免存在一定主观性。本书整理近些年房地产批量评估研究中考虑的价格影响因素发现，大部分学者仅将房地产的个体特征和区位特征考虑在内，而忽视社会经济环境对房地产价格的影响或简单假定社会经济环境在短时间内保持稳定。当房地产批量评估的时间跨度较小时，这种做法对评估的影响或许很小，但本书计划收集较大时间跨度内的样本数据，不考虑社会经济环境显然不合适。因此本书将房地产价格影响因素分为个体因素、区位因素、社会经济因素三类。

在个体因素中，面积、套内面积、户型、户型结构、朝向、装修、建成年份、电梯、梯户比、总楼层、所在楼层、建筑结构、建筑类型能够反映建筑物本身的特征；总户数、总栋数、车位户数比、物业费、绿化率、容积率、房屋用途则会体现居住成本和小区档次；而交易权属、房屋年限可能在交易税费等方面存在不同影响。在区位因素中，至市中心距离、所属行政区与商圈能够体现样本案例相对于整个城市的区位，经纬度则能准确描述其具体位置；地铁、公交能够反映交通配套的完善程度；统计学校、医院的情况是为了反映购房者对教育配套、医疗配套的关注情况；银行、商场、超市、便利店、菜市场、餐饮反映的是生活配套的完善程度；影剧院、运动场馆、风景名胜、公园广场则反映了文化休闲配套的完善程度。社会经济因素主要包括经济环境、通货膨胀、居民收入、政策法规、供需关系、市场预期、金融政策、消费者偏好等（黄梦吟、郭化林，2012）[48]。本书对房地产价格影响因素的归纳如表 3-1 所示。

表3-1　房地产价格影响因素

类别	影响因素
个体因素	面积、套内面积、户型、户型结构、朝向、装修、建成年份、电梯、梯户比、总楼层、所在楼层、建筑结构、建筑类型、总户数、总栋数、车位户数比、物业费、绿化率、容积率、房屋用途、交易权属、房屋年限
区位因素	市中心、行政区、商圈、经度、纬度、地铁站、公交站、中学、小学、幼儿园、三甲 / 综合医院、卫生院、银行、商场、超市、便利店、菜市场、餐饮、影剧院、运动场馆、风景名胜、公园广场
社会经济因素	经济环境、通货膨胀、居民收入、政策法规、供需关系、市场预期、金融政策、消费者偏好

3.2.2　二手房交易数据搜集

《中国房产服务行业消费者满意度调查报告》显示，“链家”凭借高真实性的房源信息和周到的服务位列满意度排行榜第一。同时，“链家”作为上海区域市场占有率较高的二手房交易平台，能够提供特征类型丰富的二手房历史交易数据及小区特征信息，其中包含二手房交易案例的大量个体特征。

采集二手房历史交易数据辅以小区特征信息，能够为本研究提供特征类型丰富的样本案例。因此本书使用 Python 编写爬虫程序，爬取“链家”网站上的上海市二手房历史交易数据及小区特征信息。最终得到时间跨度为 2015 年 1 月至 2023 年 6 月的 327286 条样本，涵盖的样本案例个体特征及其数据类型如表 3-2 所示。

表3-2　个体特征及其数据类型

个体特征	数据类型	个体特征	数据类型	个体特征	数据类型
面积	数值	建筑结构	分类	行政区	分类
套内面积	数值	建筑类型	分类	商圈	分类
户型	分类	总户数	数值	经度（BD09）	数值
户型结构	分类	总栋数	数值	纬度（BD09）	数值
朝向	分类	车位户数比	数值	小区链接	URL
装修	分类	物业费	数值	房源链接	URL
建成年份	时间	绿化率	数值	成交时点	时间
电梯	分类	容积率	数值	成交价格	数值
梯户比	数值	房屋用途	分类	成交单价	数值
总楼层	数值	交易权属	分类	用水类型	分类
所在楼层	分类	房屋年限	分类	用电类型	分类

3.2.3 样本案例区位特征提取

房地产的区位特征同时具有空间和时间属性，是房地产价格的重要影响因素。GIS 技术的成熟降低了区位特征的获取难度，房地产批量评估中使用空间分析技术对样本案例的区位特征进行批量自动化提取是目前的常用做法（Tian、Yang，2015）[49]。本书获取的样本案例成交时点跨度很大，为尽可能准确描述各样本案例在成交时点的区位特征，决定基于各样本案例成交时点的 POI 数据进行区位特征提取。具体做法是在二手房交易数据收集完成之后，将样本案例按成交年份进行划分，再依据各样本案例的经纬度信息，基于上海市历年的 POI 数据提取区位特征。

本书使用的 POI 数据来源于“高德地图”，包含上海市 2015 年至 2023 年之间历年的全量 POI 信息。前文已对房地产价格影响因素中的区位因素进行了明确，样本案例的区位特征及其提取来源如表 3-3 所示。

表3-3 区位特征及其提取来源

POI 数据类别	区位特征
地名地址信息	市中心
交通设施服务	地铁站、公交站
科教文化服务	中学、小学、幼儿园
医疗保健服务	三甲 / 综合医院、卫生院
金融保险服务	银行
购物服务	商场、超市、便利店、菜市场
餐饮服务	餐厅、快餐店、饮品店
体育休闲服务	影剧院、运动场馆
风景名胜	风景名胜、公园广场

本书以开源的 QGIS 为操作平台，完成样本案例区位特征的提取工作。具体做法是先在 QGIS 中将样本案例和 POI 数据统一转化为 WGS84 坐标并作重投影操作，然后使用最近焦点分析计算各样本案例至影响因素的最近距离，并使用多环缓冲区分析计算各样本案例周围 1km 内及 1 ～ 2km 影响因素的数量。同时，凭借 QGIS 的数据管理能力，能在样本案例的个体特征和区位特征之间建立对应关系（黄梦吟、郭化林，2012）[48]，从而构建房地产批量评估数据集。样本案例的区位特征提取流程如图 3-2 所示。

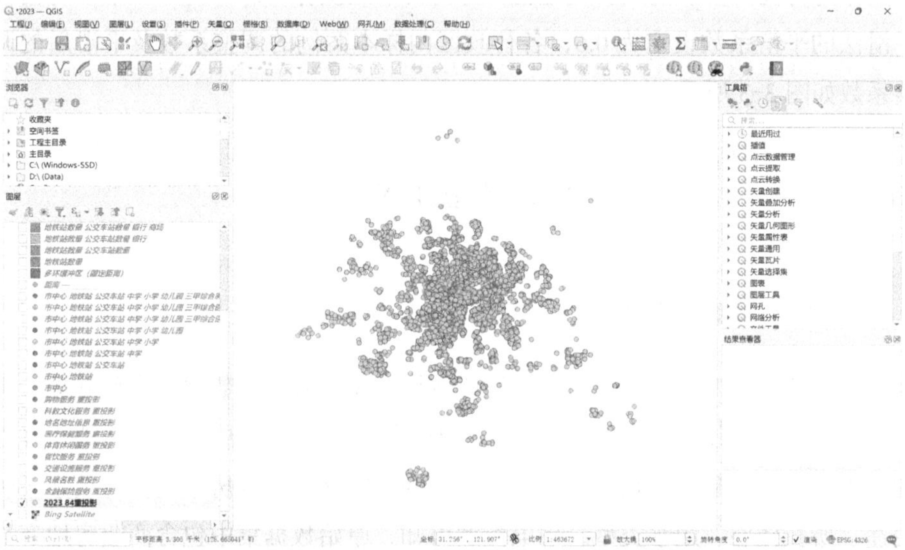

图3-2　区位特征提取流程示例

3.2.4　社会经济因素获取

社会经济因素的统计数据相对缺乏，并且部分影响因素的量化较难实现。好在房地产价格指数能够综合体现经济环境、政策法规、供需关系、市场预期、金融政策等社会经济因素对房地产价格的影响，反映房地产市场价格的变动情况。但是，国家统计局发布的房地产价格指数以城市为单位编制，反映的是整个城市房地产价格的变动趋势，不能直接体现城市内不同区域之间房地产价格变动的差异。

为尽可能准确描述各房地产样本案例的特征，本书参照陈诗沁和王洪伟（2020）的做法[25]，构造一个平滑后的调整系数来代替房地产价格指数作为衡量社会经济因素对房地产价格影响的指标，以便能够精确反映城市内部不同区域间的房价变化差异。具体做法是用评估时点上海市每个行政区的平均房价除以该区各月的平均房价，得到该区各月的调整系数，再用指数平滑法对调整系数作平滑处理。其中每个区各月的平均房价由该区各月的样本案例成交单价计算得来。最后每个样本案例按照其成交时点和所在行政区，选取平滑后的调整系数作为特征。参照前人研究经验（陈诗沁、王洪伟，2020）[25]，本书将指数平滑法的平滑系数设定为 0.6，各行政区内样本案例的调整系数及平滑后的调整系数如图 3-3 所示。

3.3 数据预处理

3.3.1 样本案例选取

为保证房地产批量评估模型的训练效果，需要对原始数据集作预处理。本书的研究对象是住宅类房地产，因此首先需要删除数据集中住宅类房地产以外的样本案例。观察交易权属发现，原始数据集中存在房卡房案例。再观察房屋用途、所在楼层、用水类型、用电类型可知，原始数据集中包含商业房地产与车位的交易记录。总共查询到 9533 条无关样本案例，处理规则如表 3-4 所示。

表3-4 无关样本案例的处理规则

特征	数量	处理规则
交易权属	677	删除样本案例
房屋用途	8687	删除样本案例
所在楼层	40	删除样本案例
用水类型	122	删除样本案例
用电类型	7	删除样本案例

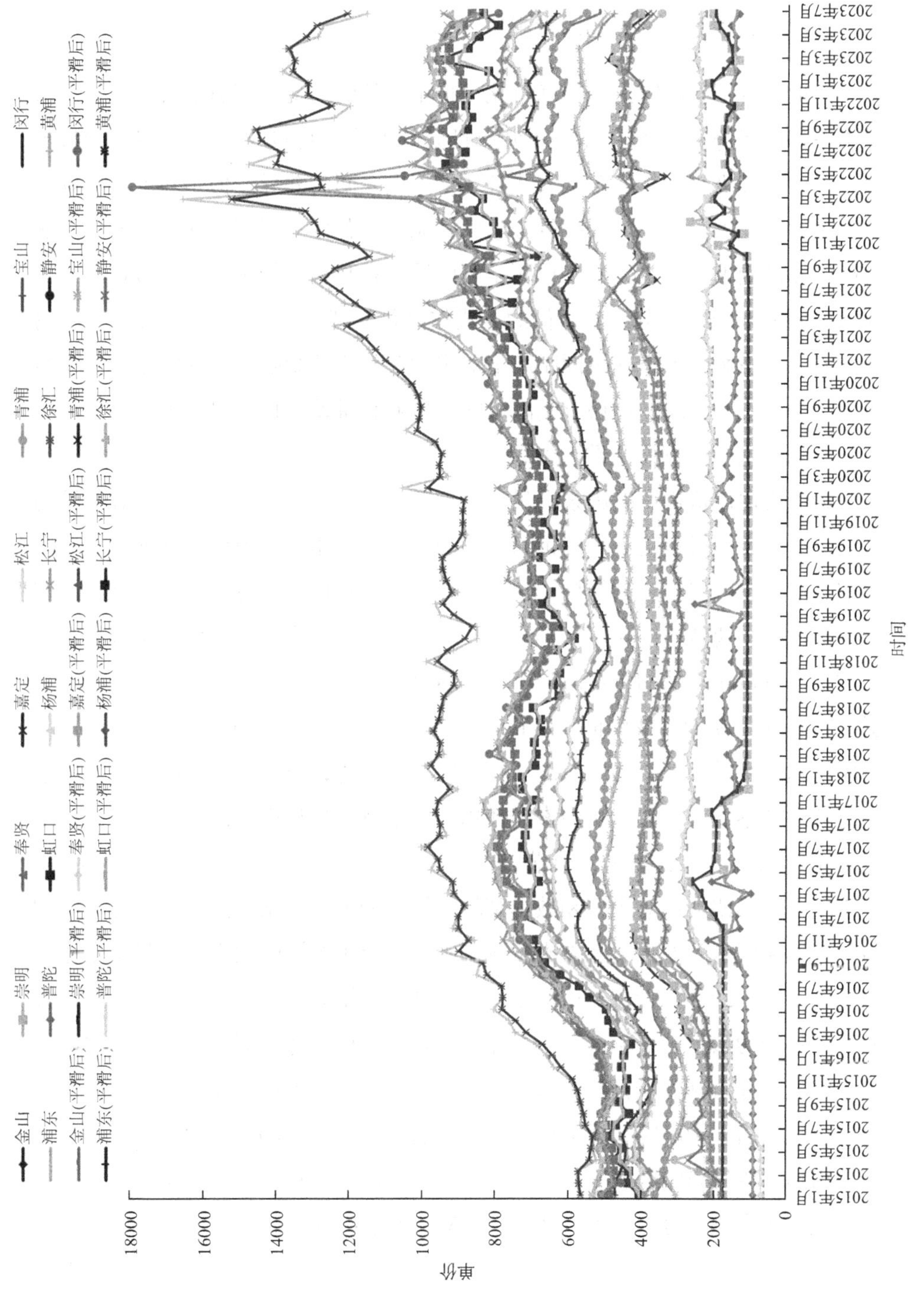

图3-3　调整系数及平滑后的调整系数

3.3.2 房地产价格影响因素量化

房地产价格影响因素的精确量化是批量评估的前提。李恒凯等（2018）对样本案例的各特征因素全部采用分级打分的方式进行量化[50]。对定性的特征因素来说，分级越细越能精确表达各样本案例之间的差异。但是对能够精确量化表示的特征因素来说，分级打分反而模糊化了各样本案例之间的差异。在房地产价格影响因素的量化中，更多学者使用的是数值型指标的原始数据，对定性指标则采取分级打分或虚拟值的方式作量化处理（张思雪等，2016）[4]。另外，同一价格影响因素在不同距离下对房地产价格的影响大小通常不同（李恒凯等，2017）[51]，同一价格影响因素的质量或数量差异也会对房地产价格产生不同影响，这一点也需要重点关注。

为使房地产价格影响因素的量化更加客观、合理，本书将量化方式归纳为五类。第一类：可量化表示的价格影响因素直接使用原始数值，如面积、套内面积、厅、室、卫、户型结构、房龄、梯户比、总楼层、总户数、总栋数、车位户数比、物业费、绿化率、容积率、经度、纬度、平滑后的调整系数等；第二类：不可量化表示的价格影响因素，通过虚拟变量或者分级打分的方式将其引入批量评估模型，如朝向、装修、电梯、所在楼层、建筑结构、建筑类型、房屋用途、交易权属、房屋年限、行政区、商圈等；第三类：对距离较为敏感而对数量敏感度一般的影响因素，使用样本案例与最近影响因素间的距离来量化表示，如至市中心距离、中学、小学、幼儿园、三甲 / 综合医院、卫生院、菜市场等。第四类：对距离和数量都较为敏感的影响因素，同时使用样本案例与最近影响因素间的距离及样本案例周围一定范围内影响因素的数量来量化表示（李慕杰，2023）[52]，如地铁站、公交站等；第五类：对距离的敏感度一般而对数量较为敏感的影响因素，量化方式是查询样本案例周围一定范围内影响因素的数量并对其分层打分再求和，如银行、商场、超市、便利店、餐厅、快餐店、饮品店、影剧院、运动场馆、风景名胜、公园广场等。

房地产价格影响因素中，个体因素、区位因素、社会经济因素的量化规则及理论期望影响符号分别如表 3-5、表 3-6、表 3-7 所示。

表3-5　个体因素的量化规则及理论期望影响符号

影响因素	量化方法	理论期望影响符号
面积	实际数值（m^2）	+
套内面积	实际数值（m^2）	+
厅	实际数值（个）	+
室	实际数值（个）	+
卫	实际数值（个）	+
户型结构	错层、复式、跃层（2 分）；平层（1 分）	+
朝向	含有南（4 分）；含有东南、西南（3 分）；含有东、西（2 分）；其他（1 分）	+
装修	精装（3 分）；简装（2 分）；毛胚（1 分）	+
房龄	成交年份 – 建成年份	−
电梯	有（2 分）；无（1 分）	+
梯户比	实际数值	+
总楼层	实际数值（层）	−
所在楼层	中楼层（2 分）；低楼层、高楼层（1 分）	+
建筑结构	钢混结构（6 分）；砖混结构（5 分）；混合结构（4 分）；框架结构（3 分）；钢结构（2 分）；砖木结构（1 分）	+
建筑类型	板楼（4 分）、板塔结合（3 分）、塔楼（2 分）、平房（1 分）	+
总户数	实际数值	−
总栋数	实际数值	+
车位户数比	实际数值	+
物业费	实际数值（元 /m^2/ 月）	+
绿化率	实际数值（%）	+
容积率	实际数值	−
房屋用途	别墅（5 分）；花园洋房（4 分）；普通住宅（3 分）；新式里弄（2 分）；旧式里弄（1 分）	+
交易权属	商品房（2 分）；动迁安置房（1 分）	+
房屋年限	满五年（3 分）；满两年（2 分）；不满两年（1 分）	+

表3-6 区位因素的量化规则及理论期望影响符号

影响因素	量化方法	理论期望影响符号
市中心距离	直线距离（km）	-
行政区	黄浦（16分）；静安（15分）；徐汇（14分）；长宁（13分）；杨浦（12分）；虹口（11分）；普陀（10分）；浦东（9分）；闵行（8分）；宝山（7分）；青浦（6分）；松江（5分）；嘉定（4分）；奉贤（3分）；崇明（2分）；金山（1分）	+
商圈	虚拟变量（各行政区内商圈随机赋值）	无法判断
经度	实际数值（BD09坐标）	无法判断
纬度	实际数值（BD09坐标）	无法判断
地铁站距离	最近距离（km）	-
公交站距离	最近距离（km）	-
地铁站数量	1km内数量（2分）；2km内数量（1分）	+
公交站数量	1km内数量	+
中学距离	最近距离（km）	-
小学距离	最近距离（km）	-
幼儿园距离	最近距离（km）	-
三甲/综合医院距离	最近距离（km）	+
卫生院距离	最近距离（km）	+
银行数量	1km内数量（2分）；2km内数量（1分）	+
商场数量	1km内数量（2分）；2km内数量（1分）	+
超市数量	1km内数量（2分）；2km内数量（1分）	-
便利店数量	1km内数量	+
菜市场距离	最近距离（km）	-

续表

影响因素	量化方法	理论期望影响符号
餐厅数量	1km 内数量（2 分）；2km 内数量（1 分）	+
快餐店数量	1km 内数量（2 分）；2km 内数量（1 分）	-
饮品店数量	1km 内数量（2 分）；2km 内数量（1 分）	+
影剧院数量	1km 内数量（2 分）；2km 内数量（1 分）	+
运动场馆数量	1km 内数量（2 分）；2km 内数量（1 分）	+
风景名胜数量	1km 内数量（2 分）；2km 内数量（1 分）	-
公园广场数量	1km 内数量（2 分）；2km 内数量（1 分）	+

表3-7 社会经济因素的量化规则及理论期望影响符号

影响因素	量化方法	理论期望影响符号
平滑后的调整系数	实际数值	+

上述量化方式从数量和距离角度对房地产价格影响因素进行量化，未考虑影响因素的质量对价格的影响，如教育配套、生活配套的档次等。若要实现更细致的量化，则需评估人员对量化过程进行合理微调，或凭借更全面的数据支持进一步细化量化过程。

3.3.3 缺失值和异常值处理

本书搜集的房地产交易数据来源于二手房交易平台的公开信息，原始数据中难免存在数据缺失、数据异常的情况。缺失值的处理参考张松兰等（2016）[53]的做法，当缺失规模较小时，删除该特征中存在缺失的样本案例；当缺失规模较大时，则删除该特征；当缺失规模中等且该特征比较重要时，利用统计方法对缺失值进行填充。观察量化处理后的数据集发现，户型结构中平层占绝大多数，缺失值用众数填补较为合适；朝向和装修的得分分布较为均衡，缺失值用平均值填补；套内面积和房屋年限由于缺失较多，作删除处理。缺失值的数量及处理规则如表 3-8 所示。

表3-8　缺失值的处理规则

特征	数量	处理规则
成交价	28	删除样本案例
套内面积	215131	删除该特征
户型	3417	删除样本案例
户型结构	144438	众数填补
朝向	16896	平均值填补
装修	136858	平均值填补
建成年份	177	删除样本案例
电梯	2896	删除样本案例
建筑结构	410	删除样本案例
建筑类型	181	删除样本案例
车位户数比	9145	删除样本案例
物业费	860	删除样本案例
绿化率	11249	删除样本案例
容积率	4298	删除样本案例
房屋年限	246938	删除该特征

异常值的处理方法有删除法和替换法两种，对难以修正的异常值作删除处理，能够准确修正的异常值则替换为正确数据。实际操作过程中，先删除成交价、面积中明显存在异常的数据，再用Z-score方法对其余特征变量作离群值检验。具体做法是将与特征变量的平均值相差超过n倍标准差的特征数据视为离群值，n的值根据特征变量的实际情况确定。异常值的数量及处理规则如表3-9所示。

表3-9　异常值的处理规则

特征	数量	处理规则
成交价格	257	删除样本案例
面积	8	删除样本案例
成交单价	31	删除样本案例

经上述处理，剩余样本案例 284796 条，每条包含 49 个特征，数据集如图 3-4 所示。

	A	B	C	D	E	F	G	H	I	J	K	L	M	N	O	P
1	成交价	面积	厅	室	卫	户型结构	朝向	装修	房龄	电梯	梯户比	总楼层	所在楼层	建筑结构	建筑类型	总户数
2	290	107.13	2	2	2	1	4	1.37799377	7	2	0.5	17	1	6	4	304
3	203	79.99	1	2	1	1	4	1.37799377	22	1	0.5	6	1	5	4	2316
4	122	51.57	1	1	1	1	3	1.37799377	22	1	0.2	6	2	5	4	2316
5	175	66.86	1	2	1	1	4	1.37799377	22	1	0.5	6	2	5	4	2316
6	153	77.18	2	2	1	1	3	1.37799377	22	1	0.2	6	1	5	4	2316
7	114	52.18	1	2	1	1	2	1.37799377	22	1	0.013157895	6	2	5	4	2316
8	195	80.16	1	2	1	1	4	1.37799377	22	1	0.5	6	1	5	4	2316
9	203	80.06	1	2	1	1	4	1.37799377	22	1	0.5	6	1	5	4	2316
10	185	80.16	2	2	1	1	4	1.37799377	22	1	0.5	6	1	5	4	2316

	Q	R	S	T	U	V	W	X	Y	Z	AA	AB	AC
1	总楼栋	车位户数比	物业费	绿化率	容积率	房屋用途	交易权属	市中心距离	行政区	商圈	经度	纬度	地铁站距离
2	7	0.657894737	2.1	30	2.1	3	2	10.34759889	4	16	121.3760233	31.26220092	433.3812941
3	150	0.08851468	0.8	35	2	3	2	10.54559619	4	16	121.3717784	31.25488739	879.7884172
4	150	0.08851468	0.8	35	2	3	2	10.54559619	4	16	121.3717784	31.25488739	879.7884172
5	150	0.08851468	0.8	35	2	3	2	10.54559619	4	16	121.3717784	31.25488739	879.7884172
6	150	0.08851468	0.8	35	2	3	2	10.54559619	4	16	121.3717784	31.25488739	879.7884172
7	150	0.08851468	0.8	35	2	3	2	10.54559619	4	16	121.3717784	31.25488739	879.7884172
8	150	0.08851468	0.8	35	2	3	2	10.54559619	4	16	121.3717784	31.25488739	879.7884172
9	150	0.08851468	0.8	35	2	3	2	10.54559619	4	16	121.3717784	31.25488739	879.7884172
10	150	0.08851468	0.8	35	2	3	2	10.54559619	4	16	121.3717784	31.25488739	879.7884172

	AD	AE	AF	AG	AH	AI	AJ	AK	AL	AM
1	公交站距离	地铁站数量	公交站数量	中学距离	小学距离	幼儿园距离	三甲综合医院距离	卫生院距离	银行数量	商场数量
2	84.97713907	6	39	595.5540868	437.7109833	246.3853755	571.5449855	58.72378729	64	14
3	84.77488986	6	40	558.5536863	302.9974229	317.9066276	481.1325132	589.921509	69	15
4	84.77488986	6	40	558.5536863	302.9974229	317.9066276	481.1325132	589.921509	69	15
5	84.77488986	6	40	558.5536863	302.9974229	317.9066276	481.1325132	589.921509	69	15
6	84.77488986	6	40	558.5536863	302.9974229	317.9066276	481.1325132	589.921509	69	15
7	84.77488986	6	40	558.5536863	302.9974229	317.9066276	481.1325132	589.921509	69	15
8	84.77488986	6	40	558.5536863	302.9974229	317.9066276	481.1325132	589.921509	69	15
9	84.77488986	6	40	558.5536863	302.9974229	317.9066276	481.1325132	589.921509	69	15
10	84.77488986	6	40	558.5536863	302.9974229	317.9066276	481.1325132	589.921509	69	15

	AN	AO	AP	AQ	AR	AS	AT	AU	AV	AW	AX
1	超市数量	便利店数量	菜市场数量	餐厅数量	快餐店数量	饮品店数量	影剧院数量	运动场馆数量	风景名胜数量	公园广场数量	平滑后的调
2	94	74	72.11046795	1370	227	106	4	83	3	12	22210.
3	105	87	70.69534483	1459	218	117	4	93	3	9	23273.50
4	105	87	70.69534483	1459	218	117	4	93	3	9	23273.50
5	105	87	70.69534483	1459	218	117	4	93	3	9	23273.50
6	105	87	70.69534483	1459	218	117	4	93	3	9	22586.21
7	105	87	70.69534483	1459	218	117	4	93	3	9	22586.21
8	105	87	70.69534483	1459	218	117	4	93	3	9	22586.21
9	105	87	70.69534483	1459	218	117	4	93	3	9	22140.31
10	105	87	70.69534483	1459	218	117	4	93	3	9	21870.92

图3-4　数据集示例

3.3.4 数据归一化操作

（1）常用的归一化方法

数据归一化通常是数据预处理中的一个重要步骤，常用的归一化方法有最大最小归一化、Z-score 标准化、小数定标标准化、对数变换法等。最大最小归一化适合在原始数据分布相对集中时使用。该方法将原始数据线性映射到一个预定的范围，从而能够维持数据间的线性关系。但需要注意的是，最大最小归一化对异常值非常敏感，异常值的存在可能会导致大部分正常值被压缩到一个相对较窄的范围内，对后续的建模产生不利影响。其计算公式为：

$$x_{new} = \frac{x - x_{min}}{x_{max} - x_{min}} \tag{3-1}$$

其中，x_{new} 为归一化之后的数据，为原始数据，x_{max} 为原始数据中的最大值，x_{min} 为原始数据中的最小值。

Z-score 标准化对原始数据的分布没有特殊要求，但当数据服从或接近正态分布时效果更好。该方法基于原始数据的均值和标准差进行转换，因而对异常值的存在具有一定的鲁棒性。Z-score 标准化之后，原始数据的分布形状和内在的线性关系得以保留，但数据的尺度和位置可能会发生变化。其计算公式为：

$$x_{new} = \frac{x - x_{mean}}{x_{std}} \tag{3-2}$$

其中，x_{new} 为标准化之后的数据，x 为原始数据，x_{mean} 为原始数据的均值，x_{std} 为原始数据的标准差。

（2）归一化方式的选择

特征变量和日标变量的归一化方式需要根据实际的任务需求、数据的特点及选用的模型来确定。房地产批量评估任务属于回归问题，可以使用多元回归、随机森林、人工神经网络等多种方法来解决。本书计划构建一个动态神经网络模型用于房地产批量评估，并将其与常见的多元回归模型、BP 神经网络模型进行比较。

在神经网络模型中，特征变量的归一化能在消除量纲差异的同时，帮助优化算法更快收敛，避免梯度消失或爆炸，提高模型泛化能力。目标变量的归一化可能会进一步帮助改善神经网络模型的训练效率和稳定性。训练神经网络模型时，测试比较不同的归一化方式，选择其中表现更优的。在多元回归模型中，特征变量的归一化使用最大最小归一化来完成，原因在于本书计划将预处理之后的数据导入模型用作参数估计，而预处理操作能有效删除原始数据中的离群值。目标变量则不进行归一化，因为多元回归模型能够自适应目标变量的尺度，并且保持原始尺度便于直接解释模型的输出。

第 4 章　房地产批量评估模型设计

机器学习算法是当前房地产批量评估领域的研究热点。最近出现的基于人工神经网络的房地产批量评估研究大多以改进现有模型为目标，较少有寻找评估质量更高的神经网络模型的尝试。深度神经网络凭借强大的特征提取能力，在 CV、NLP 等领域成功应用，不断有新的深度神经网络模型被设计出来。本书尝试使用 ViT 模型提取房地产样本案例的深层次特征，并在此基础上进行价值评估。由于 ViT 模型中注意力机制的使用，模型的训练和推理对计算资源和存储资源的需求较大，加上并非所有输入样本都需要同样复杂度的神经网络结构来处理。在设计房地产批量评估模型时，融合动态神经网络设计理念，将其设计为动态神经网络模型，使其有能力对整个城市范围内的房地产样本实施批量评估，并能根据不同输入样本进行自适应推理，为大数据时代房地产批量评估的实现提供一个可靠的模型。

4.1　动态神经网络模型的整体框架

动态结构是高效深度学习的有效方法（Han et al，2022）[46]。本书按照改进的级联方式，设计了一个级联三个子模型得到的动态神经网络模型用于房地产批量评估，旨在提升模型评估精度的同时，能够凭借提前退出机制提升推理效率。该模型的编码部分、主干部分参考了现有的研究成果进行设计。从早退角度来看，该模型类似于多出口网络（Yang et al，2020；Huang et al，2018）[54,55]，其整体框架如图 4-1 所示。

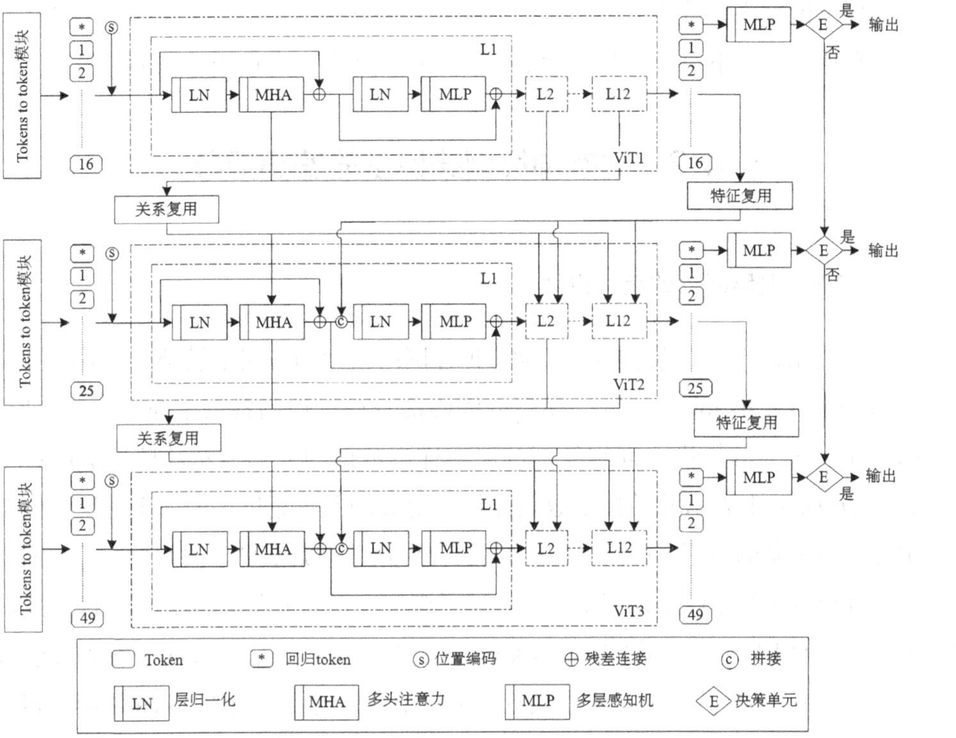

图4-1　动态神经网络模型的整体框架

与 RANet（Yang et al，2020）[54] 和 MSDNet（Huang et al，2018）[55] 的主要效益增益来源于自适应深度不同，本书设计的动态神经网络模型中，各层子模型拥有完整的模型结构，其效益增益来源于自适应 token 数量、关系复用机制和特征复用机制。模型编码部分通过自适应 token 数量分别为各层子模型提供数量不同的输入 token。各层子模型输入 token 的数量逐渐增加，但每个输入 token 的编码维度保持不变，从而逐层实现更细粒度的数据表示。模型主干部分的各层子模型由数量相同的 ViT 层堆叠而来，用作特征提取单元提取输入 token 的深层次信息。输入 token 导入各层子模型之前都先拼接一个回归 token，由于注意力机制的存在，最终输出的回归 token 将蕴含所有输入 token 的深层次信息。同时，在该部分制定关系复用、特征复用机制来复用上游子模型提取到的有价值信息，提升信息利用效率。模型输出部分通过设置一个全连接层，将由各层子模型提炼得到的回归 token 转化为最终的评估结果。此外，在各层子模型之后分别放置一个决策单元，负责在模型推理阶段根据不同测试样本自适应决定下游子模型的激活与否，直到获得令人信服的预测结果。

4.2 动态神经网络模型的编码部分

4.2.1 编码部分的结构设计

为使原始样本数据能够输入动态神经网络模型的各层子模型，需要将其编码为一定数量的 token 嵌入。模型的编码部分通过控制各层子模型输入 token 的数量，来为其提供不同细粒度的原始样本数据的数据表示。理论上用更多数量的 token 来表示原始样本数据能提供更高的预测精度，但由于各层子模型中注意力机制的使用，token 数量的增加会导致计算成本呈二次增长。因此需要在保证模型预测精度的前提下，为各层子模型设置数量合适的输入 token。数据编码经常使用展平数据（Dosovitskiy et al，2020）[56] 或者 Tokens-to-token 模块（Yuan et al，2021）[57] 等技术来实现。但展平数据这样的简单 token 化操作容易出现信息丢失等缺陷，为此本书使用 Tokens-to-token 模块来完成动态神经网络模型的数据编码操作。转化为张量之后的原始样本数据的通道数、高度、宽度分别为 1、1、49，经过 Tokens-to-token 模块，将其编码为数量分别为 16、25、49 的输入 token 提供给各层子模型，每个 token 嵌入的维度均为 256。

4.2.2 Tokens-to-token 模块的实现

Tokens-to-token 模块的具体实现流程是先通过软拆分将原始样本数据转化为 token，然后通过逐层 tokens 到 token 的迭代将其编码为特定数量的 token 嵌入，本书设置的迭代次数为 2。为避免软拆分时出现信息损失，将拆分对象分割为重叠的软拆分块，从而建立起一个先验认知，即每个软拆分块都与周围的软拆分块相关，再将每个软拆分块中的 token 串接为一个新 token。这样的操作能从周围的 token 及软拆分块中聚合局部结构信息，并减少 token 的数量。

Tokens-to-token 模块中应用软拆分将原始样本数据 I_0 转化为 token 的操作可表示为：

$$T_1 = SS(I_0) \tag{4-1}$$

其中，$I_0 \in R^{c_0 * h_0 * w_0}$ 为原始样本数据，$T_1 \in R^{n_0 * l_0}$ 为软拆分得到的 token，SS（·）表示软拆分操作，c_0、h_0、w_0 分别为原始样本数据的通道数、高度、宽度，$l_0 = k_{h_0} * k_{w_0} * c_0$ 为软拆分得到的 token 嵌入的维度，$n_0 = \left(\frac{h_0 + 2p_{h_0} - k_{h_0}}{s_{h_0}} + 1\right) * \left(\frac{w_0 + 2p_{w_0} - k_{w_0}}{s_{w_0}} + 1\right)$ 为软拆分得到的 token 的数量，k_{h_0}、k_{w_0} 分别为软拆分块的高度、宽度，p_{h_0}、p_{w_0} 分别为高度、宽度方向的 padding，s_{h_0}、s_{w_0} 分别为高度、宽度方向的步长。

原始样本数据 I_0 转化为 token 之后，开始 Tokens-to-token 模块中的迭代过程。迭代过程分为重构和软拆分两步，软拆分得到的 token 将被提供给下一个迭代过程，具体实现流程如图 4-2 所示。

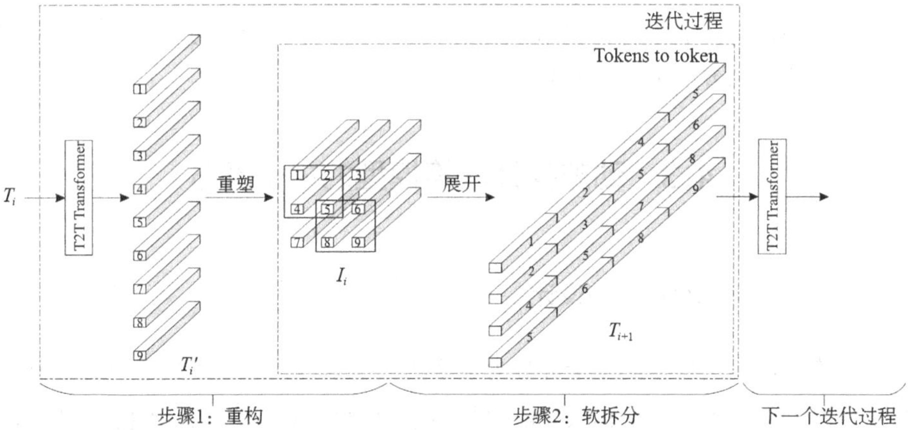

图4-2　Tokens-to-token模块中的迭代过程

其中的重构操作可表示为：

$$\begin{cases} T_i' = \text{MLP}\left(\text{MSA}(T_i)\right) \\ I_i = \text{Reshape}(T_i') \end{cases} \tag{4-2}$$

其中，$T_i \in R^{n_{i-1} * l_{i-1}}$ 为前一个软拆分得到的 token，T_i' 为中间变量，$I_i \in R^{c_i * h_i * w_i}$ 为重构的输出，MSA（·）表示具有层归一化的多头注意力操作，

MLP（·）表示具有层归一化和残差连接的多层感知机，Reshape（·）表示重塑操作，l_{i-1} 为前一个软拆分得到的 token 嵌入的维度，n_{i-1} 为前一个软拆分得到的 token 的数量，c_i、h_i、w_i 分别为重构输出的通道数、高度、宽度，$i \in \{1,2,3,\cdots,n\}$，n 为迭代次数。

其中的软拆分操作可表示为：

$$T_{i+1}=\text{SS}（I_i） \quad （4-3）$$

其中，$I_i \in \mathrm{R}^{c_i * h_i * w_i}$ 为重构的输出，$T_{i+1} \in \mathrm{R}^{n_i * l_i}$ 为软拆分得到的 token，SS（·）表示软拆分操作，c_i、h_i、w_i 分别为重构输出的通道数、高度、宽度，$l_i = k_{h_i} * k_{w_i} * c_i$ 为软拆分得到的 token 嵌入的维度，$n_i = \left(\frac{h_i + 2p_{h_i} - k_{h_i}}{s_{h_i}} + 1\right) * \left(\frac{w_i + 2p_{w_i} - k_{w_i}}{s_{w_i}} + 1\right)$ 为软拆分得到的 token 的数量，k_{h_i}、k_{w_i} 分别为软拆分块的高度、宽度，p_{h_i}、p_{w_i} 分别为高度、宽度方向的 padding，S_{h_i}、S_{w_i} 分别为高度、宽度方向的步长，$i \in \{1,2,3,\cdots,n\}$，n 为迭代次数。

4.3 动态神经网络模型的主干部分

4.3.1 主干部分的结构设计

动态神经网络模型的主干部分为级联的三个结构相同但参数不同的子模型，各层子模型的任务是提取输入 token 的深层次信息。ViT 模型利用注意力机制整合整个输入样本的信息，能有效对样本数据中的长程依赖关系进行建模，在特征提取方面性能优异。研究表明，基于 Deep-Narrow 原则设计 ViT 模型可以在缩小模型参数量的同时提升模型性能（Yuan et al，2021）[57]。因此本书将动态神经网络模型主干部分的各层子模型设计为堆叠 12 层的 ViT 模型。

动态神经网络模型主干部分的各层子模型以相同的目标进行训练，并提取出有价值的信息来完成价值评估任务。若在执行具有更多输入 token 的下游子模型时舍弃上游子模型提取到的有价值信息，显然会导致相当大的效率损失。为了缓解这个问题，本书设计了高效的特征复用机制和关系复用机制来提高信息利用效率。特征复用允许下游子模型在先前提取的深度特征基础上进行训练，而关系复用能够利用现有的上游注意力关系学习更精确的注意力矩阵。这两种信息复用机制能以增加少量额外计算成本为代价，显著提升模型性能。

4.3.2　ViT 模型的实现

Transformer 是一种基于自注意力机制的神经网络架构（Vaswani et al, 2017）[44]，最初应用于 NLP 领域，但其凭借在特征提取方面的优异性能，在 CV 等其他领域也取得了非常好的应用效果，大有取代卷积神经网络和循环神经网络的趋势。原始的 Transformer 模型可分为编码器（Encoder）、解码器（Decoder）两部分，Encoder、Decoder 又分别由多个结构相同但参数不同的编码器层、解码器层堆栈而成，其整体框架如图 4-3 所示。

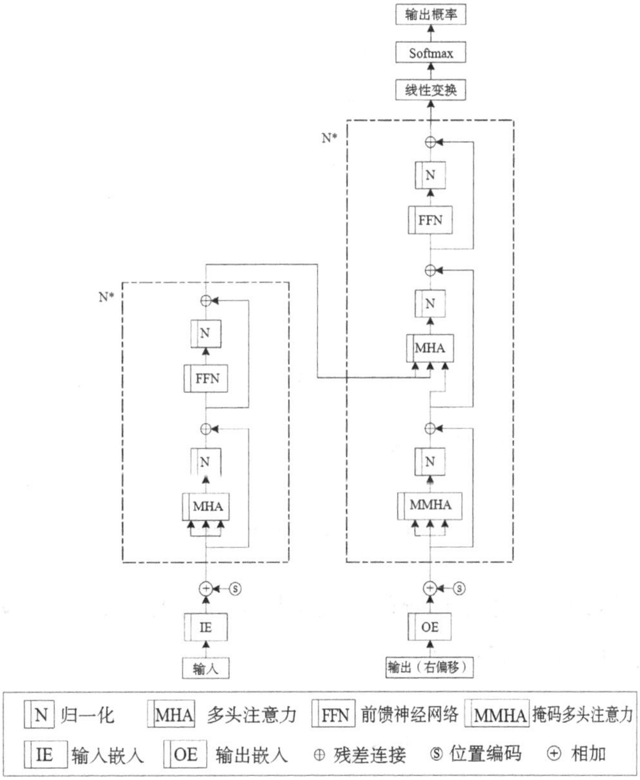

图4-3　Transformer模型的整体框架

ViT 模型的结构与原始 Transformer 模型中的 Encoder 基本相同。Encoder 中的编码器层由交替堆叠的多头注意力和多层感知机组成，每个多头注意力和多层感知机之后都分别应用残差连接和层归一化。而 ViT 模型则将层归一化移至各多头注意力和多层感知机之前，除此之外，与 Encoder 完全相同（Dosovitskiy et al，2020）[56]，其整体框架如图 4-4 所示。

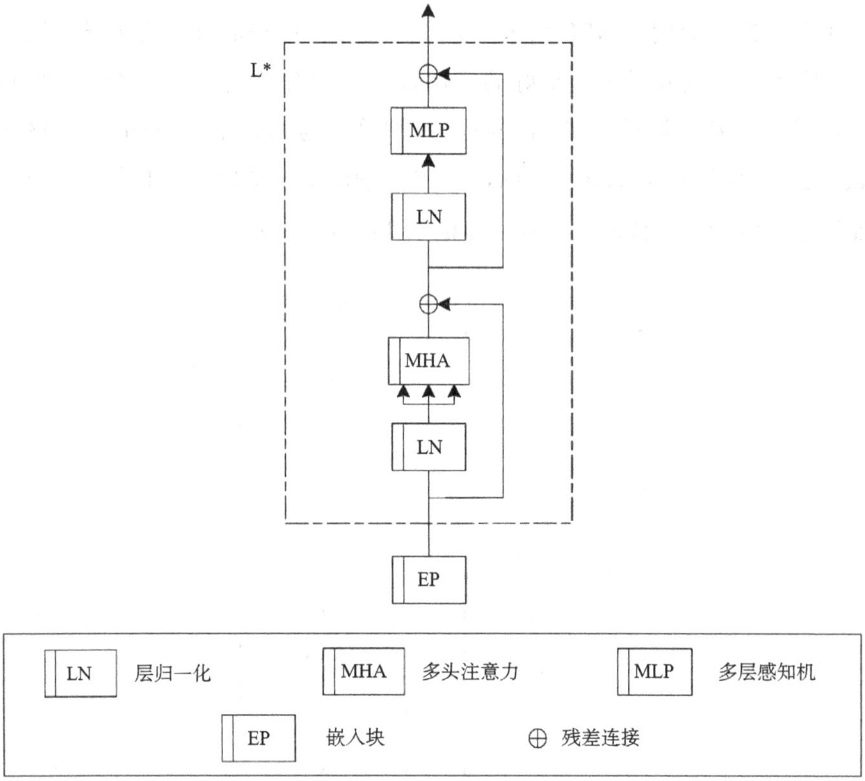

图4-4　ViT模型的整体框架

动态神经网络模型主干部分的各层子模型都为堆叠 12 层的 ViT 模型，各层子模型的推理过程可表示为：

$$\begin{cases} z_l' = \mathrm{MSA}\left(\mathrm{LN}(z_{l-1})\right) + z_{l-1} \\ z_l = \mathrm{MLP}\left(\mathrm{LN}(z_l')\right) + z_l' \end{cases} \tag{4-4}$$

其中，$z_{l-1} \in \mathrm{R}^{N*D}$ 为各 ViT 层的输入，$z_l' \in \mathrm{R}^{N*D}$ 为各 ViT 层的中间变量，$z_l \in \mathrm{R}^{N*D}$ 为各 ViT 层的输出，LN（·）表示层归一化操作，MSA（·）表示多头注意力操作，MLP（·）表示多层感知机，N 为输入 token 的数量，D 为 token 嵌入的维度，$l \in \{1,2,3, \cdots, L\}$，$L$ 为堆叠 ViT 层的数量。

4.3.3　特征复用的实现

特征复用是将上游子模型的最终输出 z_L^{up} 转化为与下游子模型各 ViT 层中间变量相同形状，并将其嵌入下游子模型各 ViT 层的中间变量中。这种做法实际上扩展了模型深度，具体实现流程是先将 z_L^{up} 经过层归一化和用于非线性的多层感知机，然后通过重塑和上采样增加数据的空间维度，接着将其展平以匹配下游子模型各 ViT 层中间变量的形状。最后将得到的下游子模型各 ViT 层的嵌入特征 E_l 嵌入到下游子模型各 ViT 层的中间变量中来提供先验知识。该过程中将 E_l 的维度设置为较小的数值，从而保证计算效率，本模型中将其设置为 48。特征复用（Wang et al，2021）[58] 的实现流程如图 4-5 所示。

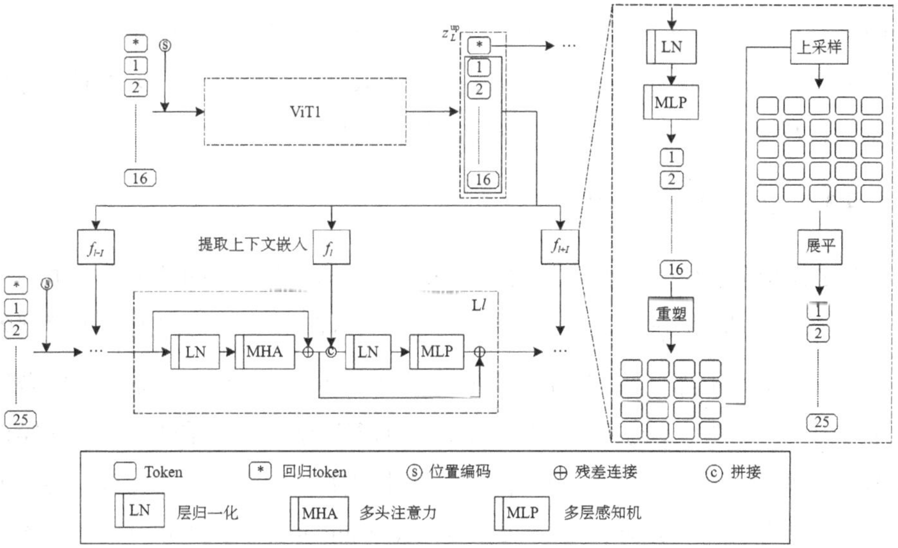

图4-5　特征复用的实现流程

调整上游子模型的最终输出 z_L^{up}，以匹配下游子模型各 ViT 层中间变量形状的操作可表示为：

$$E_l = f_l\left(z_L^{\text{up}}\right) \tag{4-5}$$

其中，$z_L^{\text{up}} \in \mathrm{R}^{N_{\text{up}} * D}$ 为上游子模型的最终输出，$E_l \in \mathrm{R}^{N * D'}$ 为下游子模型各 ViT 层的嵌入特征，f（・）表示层归一化、多层感知机、重塑、上采样、展平操作，N_{up} 为上游子模型输入 token 的数量，N 为输入 token 的数量，D 为 token 嵌入的维度，D' 为嵌入特征的维度，$l \in \{1,2,3, \cdots, L\}$，$L$ 为堆叠 ViT 层的数量。

将下游子模型各 ViT 层的嵌入特征 E_1 嵌入下游子模型各 ViT 层中间变量的操作可表示为：

$$z_l'' = \mathrm{MLP}\left(\mathrm{LN}\left(\mathrm{Concat}(z_l', E_l)\right)\right) + z_l' \tag{4-6}$$

其中，$E_l \in \mathrm{R}^{N * D'}$ 为下游子模型各 ViT 层的嵌入特征，$z_l' \in \mathrm{R}^{N * D}$ 为下游子模型各 ViT 层的中间变量，$z_l'' \in \mathrm{R}^{N * D}$ 为各 ViT 层嵌入特征后的输出，Concat（・）表示拼接操作，LN（・）表示层归一化操作，MLP（・）表示多层感知机，N 为输入 token 的数量，D 为 token 嵌入的维度，D' 为嵌入特征的维度，$l \in \{1,2,3, \cdots, L\}$，$L$ 为堆叠 ViT 层的数量。

4.3.4 关系复用的实现

ViT 模型需要学习一组注意力矩阵来描述输入 token 之间的关系。本书设计的关系复用机制实际上是让下游子模型的各 ViT 层能够访问上游子模型各 ViT 层的注意力矩阵 A_l^{up}，从而复用上游子模型已经学习到的关系。具体做法是先拼接 A_l^{up}，然后通过展平、用于非线性的多层感知机、重塑、上采样操作得到复用的关系数据，最后将复用的关系数据进行切分后分别添加到下游子模型各 ViT 层的注意力矩阵 A_l 中。关系复用（Wang et al，2021）[58] 的实现流程如图 4-6 所示。

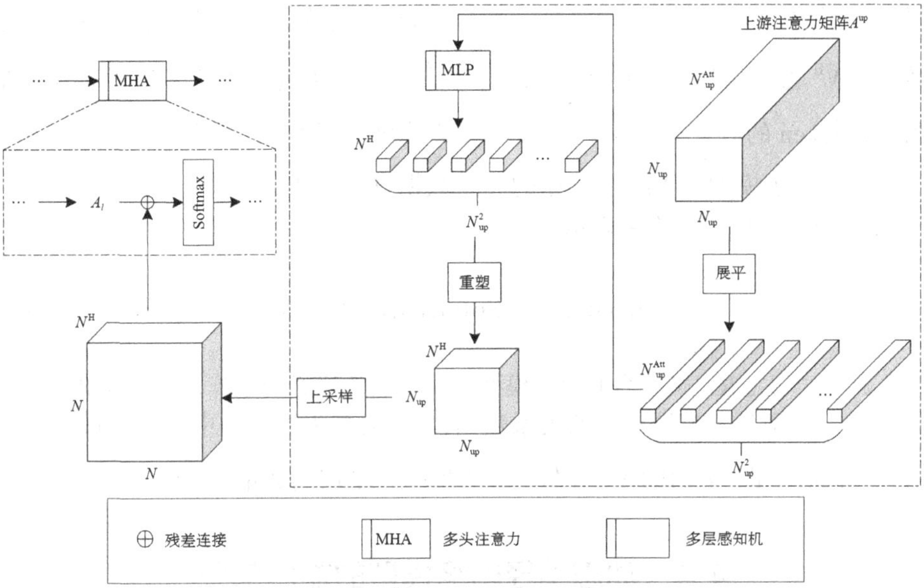

图4-6　关系复用的实现流程

拼接上游子模型各 ViT 层注意力矩阵 A_l^{up} 的操作可表示为：

$$A^{\mathrm{up}} = \mathrm{Concat}\left(A_1^{\mathrm{up}}, A_2^{\mathrm{up}}, \cdots, A_L^{\mathrm{up}}\right) \tag{4-7}$$

其中，$A_l^{\mathrm{up}} \in \mathrm{R}^{N_{\mathrm{up}} * N_{\mathrm{up}} * N^H}$ 为上游子模型各 ViT 层的注意力矩阵，$A^{\mathrm{up}} \in \mathrm{R}^{N_{\mathrm{up}} * N_{\mathrm{up}} * N_{\mathrm{up}}^{\mathrm{Att}}}$ 为拼接上游子模型各 ViT 层注意力矩阵得到的结果，Concat（·）表示拼接操作，N_{up} 为上游子模型输入 token 的数量，N^{H} 为多头注意力中头的数量，$N_{\mathrm{up}}^{\mathrm{Att}} = N^{\mathrm{H}} * L$ 为注意力矩阵的数量，$l \in \{1,2,3, \cdots, L\}$，$L$ 为堆叠 ViT 层的数量。

调整上游子模型各 ViT 层的注意力矩阵 A^{up}，以匹配下游子模型各 ViT 层注意力矩阵 A_l 的形状可表示为：

$$A_l^{\mathrm{reuse}} = r_l\left(A^{\mathrm{up}}\right) \tag{4-8}$$

其中，$A^{\mathrm{up}} \in \mathrm{R}^{N_{\mathrm{up}} * N_{\mathrm{up}} * N_{\mathrm{up}}^{\mathrm{Att}}}$ 为拼接上游子模型各 ViT 层注意力矩阵得到的结果，$A_l^{\mathrm{reuse}} \in \mathrm{R}^{N * N * N^{\mathrm{H}}}$ 为下游子模型各 ViT 层复用的关系数据，r_l（·）表示展

平、多层感知机、重塑、上采样、切分操作，N_{up} 为上游子模型输入 token 的数量，N^{H} 为多头注意力中头的数量，$N_{up}^{Att}=N^{H}*L$ 为注意力矩阵的数量，N 为输入 token 的数量，$l\in\{1,2,3,\cdots,L\}$，L 为堆叠层 ViT 的数量。

将下游子模型各 ViT 层复用的关系数据 A_l^{reuse} 添加到下游子模型各 ViT 层注意力矩阵 A_l 中的操作可表示为：

$$\mathrm{Attention}(z_l)=\mathrm{Softmax}(A_l+A_l^{reuse})V_l \tag{4-9}$$

其中，$A_l\in R^{N*N*N^{H}}$ 为下游子模型各 ViT 层的注意力矩阵，$A_l^{reuse}\in R^{N*N*N^{H}}$ 为下游子模型各 ViT 层复用的关系数据，N^{H} 为多头注意力中头的数量，N 为输入 token 数量，$l\in\{1,2,3,\cdots,L\}$，L 为堆叠 ViT 层的数量。

4.4　动态神经网络模型的输出部分

动态神经网络模型中，主干部分各层 ViT 模型的输出 token 与输入 token 数量相同且一一对应。找出输出 token 中与输入 token 中的回归 token 对应的 token。由于注意力机制的存在，该 token 将包含所有输入 token 的深层次信息。本书处理的问题属于回归问题，因此输出部分通过全连接的方式将该 token 连接到一个输出，即动态神经网络模型中各层子模型的最终输出。

第 5 章　房地产批量评估实证研究

5.1　前期准备

5.1.1　模型评估效果检验指标

本书选择 R^2、MAPE、MAE、RMSE 作为房地产批量评估模型评估效果的衡量指标。

（1）R^2

R^2 衡量的是回归模型的拟合优度，表示模型能解释因变量方差的比例，表达式为：

$$R^2 = 1 - \frac{SSE}{SST} = 1 - \frac{\sum_{i=1}^{n}(y_i - \hat{y}_i)^2}{\sum_{i=1}^{n}(y_i - \overline{y})^2}, \ \in [0,1] \qquad (5\text{-}1)$$

其中，SSE（sum of squares error）为残差平方和；SST（sum of squares total）为总离差平方和；n 为样本数量；y_i 为实际观测值；$\hat{y}_i$为预测值；$\overline{y}$ 为实际观测值均值。

（2）MAPE

MAPE 衡量的是模型预测值相对于实际观测值的相对精度，表达式为：

$$MAPE = \frac{1}{n}\sum_{i=1}^{n}\left|\frac{\hat{y}_i - y_i}{y_i}\right| \times 100, \ \in [0, +\infty) \qquad (5\text{-}2)$$

其中，n 为样本数量；$\hat{y}_i$为预测值；y_i 为实际观测值。

（3）MAE

MAE 衡量的是模型预测值相对于实际观测值的平均偏离程度，表达式为：

$$\mathrm{MAE}=\frac{1}{n}\sum_{i=1}^{n}\left|\hat{y}_i-y_i\right|,\quad \in[0,+\infty) \tag{5-3}$$

其中，n 为样本数量；$\hat{y}_i$ 为预测值；y_i 为实际观测值。

（4）RMSE

RMSE 衡量的是模型预测值与实际观测值之间的平均差异程度，表达式为：

$$\mathrm{RMSE}=\sqrt{\frac{1}{n}\sum_{i=1}^{n}(\hat{y}_i-y_i)^2},\quad \in[0,+\infty) \tag{5-4}$$

其中，n 为样本数量；$\hat{y}_i$ 为预测值；y_i 为实际观测值。

5.1.2 评估数据集的划分

K 折交叉验证是一种常用的模型评估方法。该方法使用原始数据集中的所有样本进行训练和验证，能减少因数据不足而引起的偏差，提升模型的稳健性。同时通过在不同训练集和验证集上训练和验证模型，可以减少对特定数据的依赖性，避免单次验证可能带来的偶然性，从而保证模型具有良好的泛化能力。K 折交叉验证的操作流程是，先将原始数据集分成 K 个大小相等的子集，称为“折”，然后依次选择其中一折作为验证集，其余 K-1 折作为训练集，接着使用训练集对模型进行训练，并在验证集上评估模型的性能，重复这个过程 K 次，每次选择不同的验证集，最后将 K 次评估结果的平均值作为模型评估效果的检验指标。

为保证房地产批量评估模型具有良好的稳健性和泛化能力，同时希望比较动态神经网络模型与多元回归模型、BP 神经网络模型的评估效果。本书随机保留房地产批量评估数据集中 10% 的数据作为测试集，将剩余 90% 的数据用于房地产批量评估模型构建阶段的 5 折交叉验证，并借此完成训练集和验证集的划分工作。经数据预处理得到的数据集中共包含 284796 条样本数据，每条样本数据含有 49 个特征。训练集占数据集的 72%，验证集占数据集的

18%，测试集占数据集的 10%。训练集、验证集、测试集中的样本数量分别为 205053、51263、28480。

5.2　动态神经网络模型的实现

本书基于 Pytorch 框架构建动态神经网络模型用于房地产批量评估，模型的训练使用一张 NVIDIA GeForce RTX 4090 显卡来完成。同时，动态神经网络模型训练的最优参数组合通过网格搜索法寻找。

5.2.1　动态神经网络模型的训练

（1）批量大小

批量大小决定的是每次参数更新时使用的训练样本数量。较大的批量大小会增加内存占用和每个训练批次的计算量，还可能导致模型过度拟合训练数据，但在新数据上的泛化能力下降。较小的批量大小会增加训练批次的数量，可能导致模型训练过程不稳定，并且可能影响模型的收敛速度。初步测试发现，将批量大小设置为 512 时，本模型训练时能充分利用设备性能，并在泛化能力、训练稳定性和收敛速度上取得平衡。

（2）优化器与学习率

梯度下降法是神经网络模型参数更新过程中最常用的优化算法。单纯的梯度下降法对学习率较为敏感，模型收敛速度较慢，并容易受局部极小值点或鞍点的影响。为此出现了一系列改进的优化算法，如动量法、自适应学习率等，这些优化算法在梯度下降法基础上增加了一些新的特性。动量的引入可以加速收敛、减少震荡，并帮助模型逃离局部极小值点和鞍点。自适应学习率能简化学习率的选择问题，解决参数更新不均匀问题，对于处理稀疏数据尤为有效。Adam 结合了动量法和自适应学习率的优点，通过使用一阶和二阶矩估计来动态调整每个参数的学习率。Adamax 作为 Adam 的一个变种，通过简化的数学规则，用无穷范数替代了二阶矩估计，避免了学习率随时间推移而降低的问题，在处理稀疏梯度时能表现出更好的稳定性。本模型训练时选用 Adamax 作为优化器，经初步测试发现，初始学习率设置为 0.0005 较为合适。

（3）损失函数

神经网络模型训练常以最小化损失函数为目标，训练过程中通过反向传播算法计算梯度并使用优化算法调整模型参数。本书设计的模型中，各层子模型具有独立的原始数据输入，下游子模型通过信息复用机制利用上游子模型提取到的有价值信息，而不简单以上游子模型的输出作为输入，能有效避免级联失效问题。同时，各层子模型的训练目标是一致的，因此以模型所有出口的损失值最小化为目标，形式上可表示为：

$$\text{minimize}\left(\sum_{i=1}^{3} J\left(p_i,\hat{y}\right)\right) \tag{5-5}$$

其中，$i\in\{1,2,3\}$ 为级联的子模型个数，J（·）表示损失函数，p_i 为第 i 个子模型的输出值，$\hat{y}$ 为模型的期望输出。

回归问题中最常使用绝对值损失函数和均方差损失函数，表达式分别为：

$$J(p,\hat{y})=J(w,b)=\frac{1}{m}\sum_{a=1}^{m}\left|p_a-\hat{y}\right| \tag{5-6}$$

$$J(y,\hat{y})=J(w,b)=\frac{1}{2m}\sum_{a=1}^{m}(y_a-\hat{y})^2 \tag{5-7}$$

其中，J（·）表示损失函数，p_a 为第 a 个样本对应的输出，$\hat{y}$ 为模型的期望输出，w 为权值，b 为偏置，m 为样本数量。

初步测试发现，同时对特征变量和目标变量作归一化时，绝对值损失函数在模型训练中表现更好；仅对特征变量作归一化时，均方差损失函数在模型训练中表现更好。

（4）归一化方式

训练神经网络模型时，通常需要比较不同归一化方式的效果。本模型训练时分别测试了使用 Z-score 标准化对特征变量作归一化、使用 Z-score 标准化同时对特征变量和目标变量作归一化、使用最大最小归一化对特征变量作归一化、使用最大最小归一化同时对特征变量和目标变量作归一化四种归一化方式，发现使用 Z-score 标准化同时对特征变量和目标变量作归一化处理时，动态神经网络模型收敛最快，评估效果最好。

（5）迭代次数

早停策略是一种防止机器学习模型过拟合的正则化技术，还有助于间接减少级联失效的风险。其核心思想是在每个训练周期之后评估模型在验证集上的表现，若一定数量的连续训练周期内模型性能不再显著提升，则停止训练。早停策略的实施涉及一个“耐心值”，即模型性能提升停滞后继续训练的周期数，一旦达到这个阈值，训练便会停止并恢复到之前最佳性能的模型状态。经初步测试，将本模型训练时的耐心值设定为 25，最大迭代次数设定为 75。

动态神经网络模型训练的相关设置如表 5-1 所示。

表5-1　动态神经网络模型的训练设置

参数	参数设置
批量大小	512
优化器、初始学习率	Adamax、0.0005
损失函数	绝对值损失函数
归一化方式	使用 Z-score 标准化同时对特征变量和目标变量作归一化
最大迭代次数、耐心值	75、25

5.2.2　动态神经网络模型的预测效果分析

按照动态神经网络模型的训练设置进行训练，模型在训练集和验证集上的损失变化曲线如图 5-1 所示。

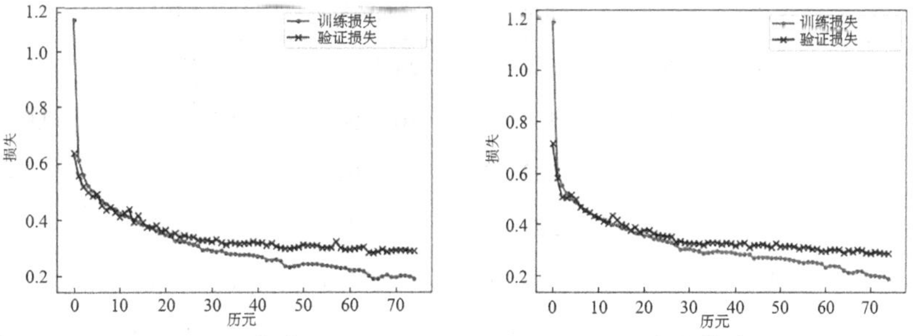

（a）第1折　　（b）第2折

图5-1

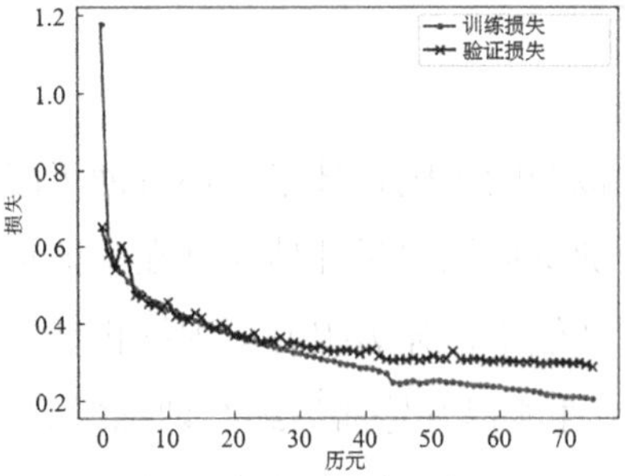

（c）第3折

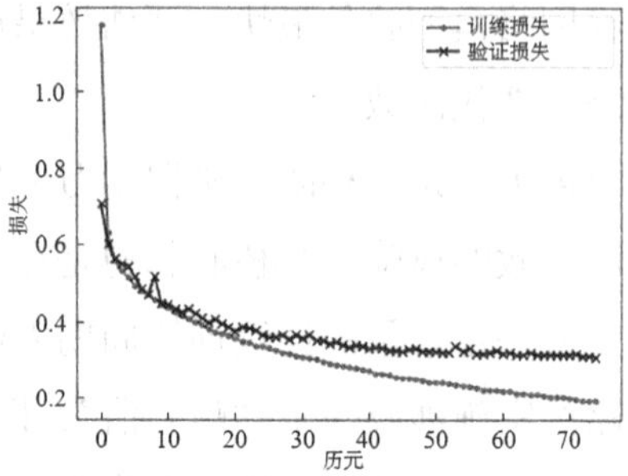

（d）第4折

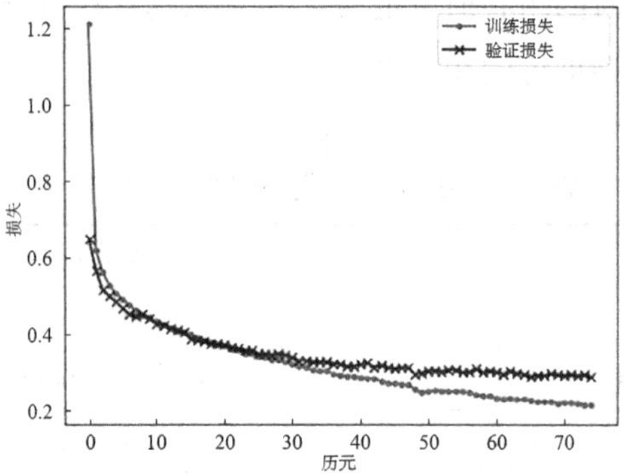

（e）第5折

图5-1　损失变化曲线

动态神经网络模型训练完成之后，分别在训练集和验证集上测试模型的预测效果，预测效果如表 5-2 所示。

表5-2　动态神经网络模型的预测效果

测试过程			MAPE	MAE	RMSE	R^2
第 1 折	训练集	Out1	6.582502	24.983809	70.879814	0.963392
		Out2	5.423621	20.559443	67.747513	0.966556
		Out3	5.238632	20.309767	67.341919	0.966955
	验证集	Out1	8.287363	36.023987	83.487915	0.945973
		Out2	7.855760	34.425793	82.405426	0.947365
		Out3	7.688116	34.158836	83.090019	0.946487

续表

测试过程			MAPE	MAE	RMSE	R^2
第 2 折	训练集	Out1	6.572026	24.770119	66.029747	0.967751
		Out2	5.854780	23.076227	65.405807	0.968357
		Out3	5.439150	21.075333	62.937225	0.970701
	验证集	Out1	8.409850	35.866158	110.660057	0.910733
		Out2	7.951491	34.931698	110.155144	0.911545
		Out3	7.858031	34.483894	109.478119	0.912629
第 3 折	训练集	Out1	7.153530	27.895760	74.618797	0.959092
		Out2	4.877150	18.729902	68.677696	0.965347
		Out3	4.623269	17.947077	66.300896	0.967704
	验证集	Out1	8.751267	37.590763	93.737366	0.934191
		Out2	7.933979	34.954685	91.732445	0.936976
		Out3	7.611889	34.107365	90.031654	0.939291
第 4 折	训练集	Out1	7.310944	29.143776	71.890549	0.960641
		Out2	4.759374	19.062849	62.082413	0.970648
		Out3	4.801227	19.073774	60.440533	0.972180
	验证集	Out1	8.662125	39.258278	112.789848	0.916685
		Out2	7.944169	36.775803	111.652557	0.918357
		Out3	7.893782	36.247406	108.981903	0.922216
第 5 折	训练集	Out1	6.830754	26.634205	72.839317	0.961583
		Out2	6.590454	26.017817	71.017235	0.963481
		Out3	5.525959	21.393906	68.016922	0.966502
	验证集	Out1	8.618005	36.875156	88.689461	0.937333
		Out2	8.400989	36.270206	87.598625	0.938865
		Out3	7.958053	34.505462	86.413239	0.940508

观察测试结果可知，即便是处于浅层的子模型也能拥有良好的预测效果，并且各层子模型预测精度逐渐提升，与理论假设相符。将该模型用于房地产批量评估具有可行性。

5.2.3 关系复用与特征复用的有效性验证

理论上讲，本书设计的动态神经网络模型中，各层子模型预测效果的提升一定程度上来源于关系复用和特征复用机制。为验证两种信息复用机制对各层子模型预测效果的影响，在固定模型训练设置的前提下重新训练未实施信息复用的动态神经网络模型。模型训练完成之后，再次分别在训练集和验证集上进行测试，预测效果如表 5-3 所示。

表5-3 未实施关系复用和特征复用时的预测效果

测试过程			MAPE	MAE	RMSE	R^2
第 1 折	训练集	Out1	6.280432	24.876728	70.327866	0.963960
		Out2	5.083012	19.192019	68.024574	0.966282
		Out3	5.354226	21.244509	71.564575	0.962681
	验证集	Out1	8.189092	36.558029	88.162560	0.939754
		Out2	7.846367	35.320896	90.475708	0.936551
		Out3	7.960067	36.351112	96.090004	0.928432
第 2 折	训练集	Out1	5.279011	19.738766	53.211971	0.979056
		Out2	5.029600	18.977011	54.899643	0.977706
		Out3	4.318735	15.962884	58.919735	0.974322
	验证集	Out1	8.084276	35.674702	110.581459	0.910859
		Out2	7.874303	35.196781	112.541832	0.907671
		Out3	7.774843	35.124073	119.312988	0.896227
第 3 折	训练集	Out1	6.450404	25.219858	68.763458	0.965260
		Out2	6.172630	24.344225	73.040146	0.960805
		Out3	5.171786	19.415365	70.090607	0.963906
	验证集	Out1	8.178583	35.226971	85.669205	0.945032
		Out2	8.333623	36.847321	96.665001	0.930016
		Out3	7.873034	35.293766	102.016411	0.922052

续表

测试过程			MAPE	MAE	RMSE	R^2
第 4 折	训练集	Out1	6.542130	25.513079	65.900955	0.966926
		Out2	5.214116	19.814548	64.580650	0.968238
		Out3	4.968793	19.260939	65.202042	0.967624
	验证集	Out1	8.226849	37.212627	112.413467	0.917240
		Out2	7.973021	36.835815	117.798599	0.909121
		Out3	8.087622	37.724483	122.078674	0.902397
第 5 折	训练集	Out1	6.671336	26.329666	76.261787	0.957888
		Out2	5.925183	23.713930	74.932312	0.959344
		Out3	5.715444	22.097775	75.527740	0.958695
	验证集	Out1	8.394048	36.008690	90.072845	0.935363
		Out2	8.168652	35.909081	93.465927	0.930401
		Out3	8.293054	36.042675	96.629173	0.925610

观察未实施关系复用和特征复用时动态神经网络模型的预测效果可知，更细粒度的原始样本数据的数据表示并不一定对各层子模型的评估效果产生正向影响，原因是出现了过拟合问题。

对比两种信息复用机制使用前后动态神经网络模型中各层子模型的预测效果可以发现，这两种信息复用机制缓解了深层子模型出现过拟合的问题，并且能在增加少量计算量的前提下提升各层子模型的预测精度，与理论假设相符。因此，关系复用和特征复用在本书设计的动态神经网络模型中具有应用价值。

5.2.4　动态神经网络模型的评估结果

为在测试阶段实现自适应推理，本书在动态神经网络模型的各层子模型之后分别放置了一个决策单元，用于根据不同输入样本自适应判断激活下游子模型或是执行退出，从而提升模型的推理效率和可解释性。该决策单元可以通过随机退出、额外训练策略网络等多种方式来实现。本书决定选用随机退出的方式来实现模型的早退，将各层子模型之后执行退出概率分别设定为 0.34、0.5、1。接着，在训练集和验证集上分别测试模型的评估效果，5 折交叉验证的结果如表 5-4 所示。

表5-4　动态神经网络模型的评估结果

测试过程		MAPE	MAE	RMSE	R^2
第 1 折	训练集	5.733302	21.887262	68.645737	0.965663
	验证集	7.944661	34.873470	83.153336	0.946405
第 2 折	训练集	5.937993	22.919348	65.170738	0.968584
	验证集	8.090828	35.148426	110.563599	0.910888
第 3 折	训练集	5.539233	21.470678	70.377716	0.963610
	验证集	8.148492	35.579693	91.269135	0.937611
第 4 折	训练集	5.601123	22.318249	64.984169	0.967840
	验证集	8.208256	37.563663	111.897202	0.917999
第 5 折	训练集	6.265540	24.529627	71.089607	0.963407
	验证集	8.364384	36.068787	88.551712	0.937527
平均值	训练集	5.815438	22.625033	68.053593	0.965821
	验证集	8.151324	35.846808	97.086996	0.930086

由交叉验证的结果可知，动态神经网络模型在训练集上的平均 MAPE、MAE、RMSE、R^2 分别为 5.815438、22.625033、68.053593、0.965821，在验证集上的平均 MAPE、MAE、RMSE、R^2 分别为 8.151324、35.846808、97.086996、0.930086，总体评估效果良好，不光能在回归拟合时展现较高的精度，也能在外展评估时保持较好的泛化能力。再观察模型在各折上的性能表现，各折训练集和验证集上的评估效果检验指标大多较为接近，说明模型的泛化能力和稳定性良好。仅在第 2 折和第 4 折的验证集中，RMSE 和 R^2 的表现稍显不足。该现象产生的原因是数据量的限制和各折数据集的分布差异。动态神经网络模型能够完成房地产批量评估任务。

第 6 章　房地产批量评估方法对比分析

6.1　多元回归模型的实现

多元回归模型的参数估计、假设检验及模型校准工作使用 Python 的 statsmodels 库来完成。模型构建之前先对特征变量做最大最小归一化，对目标变量则不做归一化。模型构建过程中同样使用 5 折交叉验证以保证模型的泛化能力。

6.1.1　多元回归模型函数形式的选择

当前房地产批量评估中常用的多元回归模型函数形式有线性形式、对数形式、对数线性形式、线性对数形式。多元线性回归模型容易进行参数估计和假设检验，其他函数形式的多元回归模型通常先转化为线性形式，再进行参数估计和假设检验等操作。

多元线性回归模型适合在特征变量与目标变量之间存在线性关系时使用，用于描述特征变量和目标变量之间的绝对变化关系。模型回归系数的含义为当特征变量增加一个单位时，目标变量预期增加的数量。模型可表示为：

$$y = \alpha_0 + \alpha_1 x_1 + \alpha_2 x_2 + \cdots + \alpha_p x_p + \varepsilon \quad (6\text{-}1)$$

其中，y 为目标变量，α_0，α_1，α_2，…，α_p 为回归系数，x_1，x_2，…，x_p 为特征变量，ε 为随机误差项，p 为特征变量个数。

对数形式的多元回归模型适合在特征变量和目标变量之间存在乘法关系或幂函数关系时使用，用于描述特征变量和目标变量之间的相对变化关系。模型回归系数代表的是目标变量的弹性，即特征变量增加 1% 时，目标变量预期增加的百分比。模型可表示为：

$$\ln y = \alpha_0 + \alpha_1 \ln x_1 + \alpha_2 \ln x_2 + \cdots + \alpha_p \ln x_p + \varepsilon \qquad (6\text{-}2)$$

其中，$\ln y$ 为目标变量，α_0，α_1，α_2，…，α_p 为回归系数，$\ln x_1$，$\ln x_2$，…，$\ln x_p$ 为特征变量，ε 为随机误差项，p 为特征变量个数。

对数线性形式的多元回归模型适合在特征变量和目标变量之间存在对数关系时使用，用于描述特征变量的绝对变化对目标变量百分比变化的影响。模型回归系数的含义为当特征变量增加一个单位时，目标变量预期增加的百分比。模型可表示为：

$$\ln y = \alpha_0 + \alpha_1 x_1 + \alpha_2 x_2 + \cdots + \alpha_p x_p + \varepsilon \qquad (6\text{-}3)$$

其中，$\ln y$ 为目标变量，α_0，α_1，α_2，…，α_p 为回归系数，x_1，x_2，…，x_p 为特征变量，ε 为随机误差项，p 为特征变量个数。

线性对数形式的多元回归模型适合在特征变量和目标变量之间存在指数关系时使用，用于描述特征变量的百分比变化对目标变量绝对变化的影响。模型回归系数的含义为当特征变量增加 1% 时，目标变量预期增加的数量。模型可表示为：

$$y = \alpha_0 + \alpha_1 \ln x_1 + \alpha_2 \ln x_2 + \cdots + \alpha_p \ln x_p + \varepsilon \qquad (6\text{-}4)$$

其中，y 为目标变量，α_0，α_1，α_2，…，α_p 为回归系数，$\ln x_1$，$\ln x_2$，…，$\ln x_p$ 为特征变量，ε 为随机误差项，p 为特征变量个数。

房地产批量评估问题较为复杂，不存在某种直接适用的多元回归模型函数形式。学者们普遍认为，特征变量与房地产价格之间呈现复杂的非线性关系，采用非线性形式的多元回归模型能提高模型解释能力。还有学者指出，多元线性回归模型虽然容易理解，但无法解释特征变量影响房地产价格的边际效应，对数形式或对数线性形式的多元回归模型是更好的选择（杨杉、邓科，2015）[5]。本书先以房地产批量评估数据集中所有的数据为对象，测试前文所述的不同函数形式多元回归模型的拟合的效果，再从中选择表现最优的进入下一步计算。基于 OLS 的拟合结果如表 6-1 所示。

表6-1 OLS的拟合结果

多元回归模型函数形式	调整后的 R^2	F 值	AIC	BIC
线性形式	0.753	17680	3776000	3776000
对数形式	0.902	53740	−144000	−143500
对数线性形式	0.871	39280	−64830	−64300
线性对数形式	0.690	12960	3840000	3840000

对比 OLS 的拟合结果发现，对数形式的多元回归模型表现最优，调整后的 R^2 和 F 值最大，而 AIC 和 BIC 则最小，决定将其用于房地产批量评估。由于 statsmodels 库中不包含对数形式的多元回归模型，该模型的实现需要先对特征变量与目标变量作对数变换，再用 statsmodels 库中的多元线性回归模型拟合对数变换后的数据。

6.1.2 多元回归模型的求解

（1）参数估计

OLS 是多元线性回归模型参数估计最常用的方法。本书使用 OLS 分别在 5 个训练集上拟合对数形式的多元回归模型，再根据参数估计的结果进一步修正模型。各训练集上的回归结果差异不大，第一个训练集上的回归结果如表 6-2 所示。

表6-2 OLS的回归结果

参数	Coef	Std err	T	P>|t|	[0.025	0.975]
Const	2.9553	0.023	128.192	0.000	2.910	3.000
$\ln x_1$	3.7872	0.014	278.936	0.000	3.761	3.814
$\ln x_2$	0.1314	0.005	29.089	0.000	0.123	0.140
$\ln x_3$	0.2482	0.006	44.632	0.000	0.237	0.259
$\ln x_4$	0.1114	0.008	14.419	0.000	0.096	0.127
$\ln x_5$	0.0061	0.003	1.788	0.074	−0.001	0.013

续表

参数	Coef	Std err	T	P>|t|	[0.025	0.975]
$\ln x_6$	0.0947	0.003	30.530	0.000	0.089	0.101
$\ln x_7$	0.0629	0.002	41.739	0.000	0.060	0.066
$\ln x_8$	−0.4331	0.007	−62.542	0.000	−0.447	−0.420
$\ln x_9$	0.0647	0.002	34.123	0.000	0.061	0.068
$\ln x_{10}$	0.5071	0.012	42.005	0.000	0.483	0.531
$\ln x_{11}$	0.0037	0.008	0.455	0.649	−0.012	0.019
$\ln x_{12}$	0.0270	0.001	30.712	0.000	0.025	0.029
$\ln x_{13}$	0.1680	0.009	18.028	0.000	0.150	0.186
$\ln x_{14}$	0.0893	0.004	23.408	0.000	0.082	0.097
$\ln x_{15}$	−0.3987	0.010	−41.813	0.000	−0.417	−0.380
$\ln x_{16}$	0.4183	0.008	53.187	0.000	0.403	0.434
$\ln x_{17}$	0.3007	0.011	26.973	0.000	0.279	0.323
$\ln x_{18}$	0.6141	0.007	85.585	0.000	0.600	0.628
$\ln x_{19}$	0.2434	0.006	41.665	0.000	0.232	0.255
$\ln x_{20}$	−0.1755	0.007	−26.395	0.000	−0.189	−0.162
$\ln x_{21}$	0.1595	0.012	13.790	0.000	0.137	0.182
$\ln x_{22}$	0.0144	0.002	6.343	0.000	0.010	0.019
$\ln x_{23}$	−1.0416	0.006	−164.335	0.000	−1.054	−1.029
$\ln x_{24}$	−1.0264	0.013	−77.774	0.000	−1.052	−1.001
$\ln x_{25}$	0.1864	0.013	14.875	0.000	0.162	0.211
$\ln x_{26}$	−0.1145	0.004	−28.158	0.000	−0.123	−0.107
$\ln x_{27}$	−0.0938	0.005	−20.805	0.000	−0.103	−0.085
$\ln x_{28}$	−0.3017	0.007	−41.341	0.000	−0.316	−0.287
$\ln x_{29}$	−0.0020	0.005	−0.423	0.672	−0.011	0.007
$\ln x_{30}$	0.1768	0.004	45.289	0.000	0.169	0.184
$\ln x_{31}$	0.0792	0.006	12.488	0.000	0.067	0.092
$\ln x_{32}$	−0.0716	0.004	−15.987	0.000	−0.080	−0.063
$\ln x_{33}$	−0.1254	0.006	−21.926	0.000	−0.137	−0.114

续表

参数	Coef	Std err	T	P>|t|	[0.025	0.975]
$\ln x_{34}$	-0.0153	0.005	-3.265	0.001	-0.024	-0.006
$\ln x_{35}$	0.0982	0.005	19.864	0.000	0.089	0.108
$\ln x_{36}$	0.0360	0.005	7.756	0.000	0.027	0.045
$\ln x_{37}$	0.3138	0.007	45.208	0.000	0.300	0.327
$\ln x_{38}$	0.0701	0.005	13.864	0.000	0.060	0.080
$\ln x_{39}$	-0.6108	0.010	-63.176	0.000	-0.630	-0.592
$\ln x_{40}$	-0.2580	0.006	-40.907	0.000	-0.270	-0.246
$\ln x_{41}$	0.0469	0.004	11.948	0.000	0.039	0.055
$\ln x_{42}$	0.1870	0.018	10.338	0.000	0.152	0.222
$\ln x_{43}$	-0.1468	0.011	-13.744	0.000	-0.168	-0.126
$\ln x_{44}$	0.0277	0.011	2.479	0.013	0.006	0.050
$\ln x_{45}$	-0.0942	0.004	-21.719	0.000	-0.103	-0.086
$\ln x_{46}$	0.8371	0.008	100.335	0.000	0.821	0.853
$\ln x_{47}$	-0.0691	0.003	-21.974	0.000	-0.075	-0.063
$\ln x_{48}$	0.0265	0.004	6.607	0.000	0.019	0.034
$\ln x_{49}$	2.4630	0.007	345.532	0.000	2.449	2.477
Df Model	49	F-statistic	38660	DW	2.005	—
Adj. R-squared	0.902	Prob s（F-statistic）	0.000	Prob（White-statistic）	0.000	—

注 显著性水平 α=0.05。

（2）假设检验

参数估计完成后，基于对数形式多元回归模型的房地产批量评估模型已初步建立。但参数估计的实现以先将对数形式的多元回归模型转化为多元线性回归模型为前提，而多元线性回归模型建立在特征变量的非完全多重共线性假定，随机误差项的正态分布、零期望、等方差及不相关假定之上，因此还须检验假设是否成立。

①多重共线性检验。多重共线性指的是多元线性回归中两个或多个特征变量高度相关，样本数据为横截面数据或时间序列数据时都经常存在。出现该问题时，OLS 的参数估计值虽然仍是无偏的，但不再准确稳定，模型的解释能力和预测能力会受影响，还会导致参数估计值的标准误差被高估，从而影响置信区间和显著性检验的准确性。

本书将样本数据视为横截面数据，须进行多重共线性检验。方差扩大因子（VIF）侧重于评价单个特征变量与其余特征变量间的共线性关系，能提供量化的共线性度量，是检测多重共线性的常用指标。基于第一个训练集计算得到的 VIF 值如表 6-3 所示。

表6-3　VIF值

序号	变量名称	VIF	序号	变量名称	VIF	序号	变量名称	VIF
1	面积	8.675971	18	物业费	2.196354	35	三甲综合医院	1.707657
2	厅	2.266541	19	绿化率	1.314590	36	卫生院	1.381178
3	室	3.618998	20	容积率	1.222153	37	银行	9.727246
4	卫	2.293037	21	房屋用途	1.751441	38	商场	4.289541
5	户型结构	1.100353	22	交易权属	1.166448	39	超市	5.613518
6	朝向	1.135407	23	至市中心距离	6.401391	40	便利店	5.476360
7	装修	1.542913	24	行政区	28.195043	41	菜市场	1.234220
8	房龄	4.025437	25	商圈	23.894933	42	餐厅	18.191724
9	电梯	5.114761	26	经度	1.579886	43	快餐店	9.307437
10	梯户比	1.853265	27	纬度	1.598186	44	饮品店	17.652737
11	总楼层	7.398853	28	地铁站	2.676173	45	影剧院	4.705138
12	所在楼层	1.017721	29	公交站	1.139333	46	运动场馆	9.253901
13	建筑结构	2.311709	30	地铁站数量	5.890899	47	风景名胜	2.399704
14	建筑类型	1.590347	31	公交站数量	2.028638	48	公园广场	3.189621
15	总户数	5.684255	32	中学	1.507620	49	调整系数	4.059049
16	总栋数	8.137749	33	小学	1.505633	—	—	—
17	车位户数比	1.913451	34	幼儿园	1.190259	—	—	—

其中个别特征变量的 VIF 值大于 10，说明这些特征变量与其余特征变量之间存在严重的多重共线性，需要对特征变量进行筛选。

②异方差检验。在多元线性回归中，某些特征变量会随观测值的变化对目标变量产生不同影响，进而导致随机误差项的方差不为常数。样本数据为横截面数据时，容易出现异方差问题。样本数据为时间序列数据，该问题则不易产生。存在异方差性时，OLS 的参数估计值虽然仍是无偏的，但不再是最小方差线性无偏估计，会导致参数估计值的标准误差被高估或低估，从而影响置信区间和显著性检验的准确性。

本书将样本数据视为横截面数据，须进行异方差检验。White 检验是最常用的异方差检验方法，能够检验随机误差项方差与特征变量之间的线性关系、非线性关系，以及与特征变量之间的交互作用。对于给定的显著性水平 α=0.05，第一个训练集的回归结果显示，White 检验统计量对应的 P 值 =0.000，说明随机误差项之间存在异方差性。

③自相关检验。自相关现象指某特征变量前后期观测数据间的相关关系，会导致多元线性回归的随机误差项无法满足独立性假设。样本数据为时间序列数据时，连续时点上的观测数据可能相互依赖，须重点关注。样本数据为非时间序列数据时，自相关问题则不是关注重点。但若样本个体之间存在空间相关性，或者分组数据组内观测值相互影响，再或者数据排列顺序反映了某种时间或空间上的顺序等，同样可能违反随机误差项的独立性假设。

本书将样本数据视为横截面数据，尽管选取的特征变量中有个别表示的是空间位置信息，但这种空间依赖性是轻微的，但若存在严重的空间相关性，则需要借助更专门的空间统计模型来处理，例如空间误差模型、空间滞后模型、空间自回归模型等。对于给定的显著性水平 α=0.05，DW 值 =2.005，说明随机误差项之间的自相关性很弱。

④正态性检验。根据中心极限定理，当有大量相互独立且同分布的随机变量时，它们的和将趋近于正态分布。多元线性回归中，误差项被视为许多独立且同分布的未观测到的随机因素的总和，在大样本情况下，即使这些随机因素本身不服从正态分布，误差项的分布仍然将接近正态分布，使参数估计和假设检验有效。假定本模型中随机误差项符合这种情形。

⑤ t 检验。t 检验是在给定的显著性水平下，通过计算 t 统计量与其对应的 P 值，来检验参数的显著性。对于给定的显著性水平 α=0.05，第一个训练集的回归结果显示，其中个别特征变量 t 统计量对应的 P 值大于显著性水平，未通过显著性检验。

⑥ F 检验。F 检验是在给定的显著性水平下，通过计算 F 统计量与其对应的 P 值，来检验模型的显著性。对于给定的显著性水平 α=0.05，第一个训练集的回归结果显示，F 统计量对应的 P 值 =0.000，模型通过 F 检验。

⑦拟合优度检验。调整后的 R^2 常被用作拟合优度的度量，能够同时考虑模型的拟合程度和复杂度，解决了 R^2 可能因模型过于复杂而虚高的问题。对于给定的显著性水平 α=0.05，第一个训练集的回归结果显示，调整后的 R^2=0.902，模型能通过拟合优度检验。

⑧经济意义检验。经济意义检验是为了保证多元线性回归模型各参数估计量在房地产价格影响因素实际意义上的合理性。具体做法是将模型中各参数估计量的符号与预先拟定的理论期望影响符号进行比较。

（3）模型校准

多元线性回归模型的校准步骤通常是先根据多重共线性检验的结果筛选特征变量，然后重新设定模型并进行参数估计，在满足基本假定的前提下检验模型和参数的显著性及模型的拟合效果，从而保证多元线性回归模型的预测能力和解释能力。

由假设检验的结果可知，原多元线性回归模型存在多重共线性问题和异方差问题，同时部分特征变量在显著性检验中表现不佳。进一步分析发现，移除商圈、餐厅、饮品店三个特征变量后，多重共线性问题得到显著缓解。为了改善模型的性能，用剔除这三个特征变量之后的样本数据重新拟合模型，并采用稳健标准误差来解决异方差问题（梁远明，2020）[59]。新的回归结果显示，公交站、总楼层、户型结构这三个特征变量对目标变量的影响不显著，决定将其从模型中删除。经过一系列修正，最新的多元线性回归模型在拟合优度检验、F 检验、t 检验以及多重共线性检验中均显示出良好的表现。5 个训练集上的回归结果保持了一致性，其中第一个训练集上的回归结果如表 6-4 所示。

表6-4 模型校准后的OLS回归结果

参数	Coef	Std err	T	P>|t|	[0.025	0.975]
Const	3.0292	0.024	124.153	0.000	2.981	3.077
$\ln x_1$	3.7905	0.019	196.227	0.000	3.753	3.828
$\ln x_2$	0.1319	0.005	25.477	0.000	0.122	0.142
$\ln x_3$	0.2464	0.007	36.922	0.000	0.233	0.259
$\ln x_4$	0.1144	0.009	12.050	0.000	0.096	0.133
$\ln x_6$	0.0934	0.004	24.075	0.000	0.086	0.101
$\ln x_7$	0.0559	0.001	40.756	0.000	0.053	0.059
$\ln x_8$	−0.4435	0.008	−57.884	0.000	−0.459	−0.428
$\ln x_9$	0.0655	0.002	41.375	0.000	0.062	0.069
$\ln x_{10}$	0.5011	0.016	30.618	0.000	0.469	0.533
$\ln x_{12}$	0.0270	0.001	31.337	0.000	0.025	0.029
$\ln x_{13}$	0.1713	0.010	16.678	0.000	0.151	0.191
$\ln x_{14}$	0.0881	0.004	20.258	0.000	0.080	0.097
$\ln x_{15}$	−0.4003	0.009	−44.812	0.000	−0.418	−0.383
$\ln x_{16}$	0.4219	0.007	58.098	0.000	0.408	0.436
$\ln x_{17}$	0.3101	0.014	22.607	0.000	0.283	0.337
$\ln x_{18}$	0.6091	0.009	68.181	0.000	0.592	0.627
$\ln x_{19}$	0.2471	0.007	34.808	0.000	0.233	0.261
$\ln x_{20}$	−0.1832	0.007	−25.758	0.000	−0.197	−0.169
$\ln x_{21}$	0.1632	0.015	10.695	0.000	0.133	0.193
$\ln x_{22}$	0.0138	0.002	6.596	0.000	0.010	0.018
$\ln x_{23}$	−1.0419	0.007	−150.050	0.000	−1.055	−1.028
$\ln x_{24}$	−0.8448	0.005	−157.866	0.000	−0.855	−0.834
$\ln x_{26}$	−0.1057	0.004	−25.167	0.000	−0.114	−0.097
$\ln x_{27}$	−0.0873	0.004	−19.452	0.000	−0.096	−0.079

续表

参数	Coef	Std err	T	P>|t|	[0.025	0.975]
$\ln x_{28}$	−0.3086	0.007	−42.683	0.000	−0.323	−0.294
$\ln x_{30}$	0.1777	0.004	44.595	0.000	0.170	0.186
$\ln x_{31}$	0.0808	0.006	12.749	0.000	0.068	0.093
$\ln x_{32}$	−0.0682	0.005	−14.797	0.000	−0.077	−0.059
$\ln x_{33}$	−0.1220	0.006	−22.031	0.000	−0.133	−0.111
$\ln x_{34}$	−0.0173	0.005	−3.708	0.000	−0.026	−0.008
$\ln x_{35}$	0.1027	0.005	20.483	0.000	0.093	0.113
$\ln x_{36}$	0.0368	0.005	8.054	0.000	0.028	0.046
$\ln x_{37}$	0.3395	0.007	49.808	0.000	0.326	0.353
$\ln x_{38}$	0.0897	0.005	18.077	0.000	0.080	0.099
$\ln x_{39}$	−0.5904	0.010	−58.509	0.000	−0.610	−0.571
$\ln x_{40}$	−0.2411	0.006	−39.285	0.000	−0.253	−0.229
$\ln x_{41}$	0.0448	0.004	11.835	0.000	0.037	0.052
$\ln x_{43}$	−0.1042	0.011	−9.825	0.000	−0.125	−0.083
$\ln x_{45}$	−0.0909	0.004	−21.604	0.000	−0.099	−0.083
$\ln x_{46}$	0.8686	0.008	104.872	0.000	0.852	0.885
$\ln x_{47}$	−0.0706	0.003	−22.197	0.000	−0.077	−0.064
$\ln x_{48}$	0.0270	0.004	6.620	0.000	0.019	0.035
$\ln x_{49}$	2.4488	0.007	330.243	0.000	2.434	2.463
Df Model	43	F-statistic	34570	DW	2.004	—
Adj. R-squared	0.902	Prob（F-statistic）	0.000	Prob（White-statistic）	0.000	—

注　显著性水平 α=0.05。

模型中各参数估计量的符号与预先拟定的理论期望影响符号基本一致，最终得到的房地产批量评估模型可表示为：

$$\begin{aligned}\ln y &= 3.0292 + 3.7905\ln x_1 + 0.1319\ln x_2 + 0.2464\ln x_3 + 0.1144\ln x_4 \\ &+ 0.0934\ln x_6 + 0.0559\ln x_7 - 0.4435\ln x_8 + 0.0655\ln x_9 + 0.5011\ln x_{10} \\ &+ 0.027\ln x_{12} + 0.1713\ln x_{13} + 0.0881\ln x_{14} - 0.4003\ln x_{15} + 0.4219\ln x_{16} \\ &+ 0.3101\ln x_{17} + 0.6091\ln x_{18} + 0.2471\ln x_{19} - 0.1832\ln x_{20} + 0.1632\ln x_{21} \\ &+ 0.0138\ln x_{22} - 1.0419\ln x_{23} - 0.8448\ln x_{24} - 0.1057\ln x_{26} - 0.0873\ln x_{27} \\ &- 0.3086\ln x_{28} + 0.1777\ln x_{30} + 0.0808\ln x_{31} - 0.0682\ln x_{32} - 0.122\ln x_{33} \\ &- 0.0173\ln x_{34} + 0.1027\ln x_{35} + 0.0368\ln x_{36} + 0.3395\ln x_{37} + 0.0897\ln x_{38} \\ &- 0.5904\ln x_{39} - 0.2411\ln x_{40} + 0.0448\ln x_{41} - 0.1042\ln x_{43} - 0.0909\ln x_{45} \\ &+ 0.8686\ln x_{46} - 0.0706\ln x_{47} + 0.027\ln x_{48} + 2.4488\ln x_{49} \end{aligned} \tag{6-5}$$

其中，y 为房地产价格，x_1、x_2、x_3、x_4、x_6、x_7、x_8、x_9、x_{10}、x_{12}、x_{13}、x_{14}、x_{15}、x_{16}、x_{17}、x_{18}、x_{19}、x_{20}、x_{21}、x_{22}、x_{23}、x_{24}、x_{26}、x_{27}、x_{28}、x_{30}、x_{31}、x_{32}、x_{33}、x_{34}、x_{35}、x_{36}、x_{37}、x_{38}、x_{39}、x_{40}、x_{41}、x_{43}、x_{45}、x_{46}、x_{47}、x_{48}、x_{49} 为房地产价格影响因素。

6.1.3 多元回归模型的评估结果

房地产批量评估模型构建完成之后，在训练集和验证集上分别测试模型的评估效果，5 折交叉验证的结果如表 6-5 所示。

表6-5 多元回归模型的评估结果

测试过程		MAPE	MAE	RMSE	R^2
第 1 折	训练集	14.594418	63.804390	139.736824	0.857717
	验证集	14.194899	63.206332	125.816342	0.877302
第 2 折	训练集	14.551544	63.611313	135.765627	0.863661
	验证集	14.674837	64.004596	143.474112	0.849942
第 3 折	训练集	14.569468	63.771084	138.772140	0.858514
	验证集	14.574984	63.451942	131.969103	0.869561
第 4 折	训练集	14.578124	63.434485	134.248776	0.862746
	验证集	14.506096	64.770130	149.558542	0.853511

续表

测试过程		MAPE	MAE	RMSE	R^2
第 5 折	训练集	14.561534	63.808505	137.641226	0.862822
	验证集	14.627086	63.095524	134.448640	0.855984
平均值	训练集	14.571018	63.685955	137.232919	0.861092
	验证集	14.575580	63.705705	137.053348	0.861260

由交叉验证的结果可知，多元回归模型在训练集上的平均 MAPE、MAE、RMSE、R^2 分别为 14.571018、63.685955、137.232919、0.861092，在验证集上的平均 MAPE、MAE、RMSE、R^2 分别为 14.575580、63.705705、137.053348、0.861260，总体评估效果良好。再观察模型在各折上的性能表现，各折训练集和验证集上的评估效果检验指标都非常接近，说明模型具有较好的泛化能力和稳定性，能够用于完成房地产批量评估任务。需要注意的是，虽然该模型能执行评估工作，但随机误差项仍旧未完全满足正态分布假定和等方差假定，还须考虑探索其他修正方法或模型。

6.2 BP 神经网络模型的实现

本书基于 Pytorch 框架构建 BP 神经网络模型用于房地产批量评估，模型的训练使用一张 NVIDIA GeForce RTX 3080 Ti 显卡来完成。BP 神经网络模型训练的最优参数组合通过网格搜索法寻找，模型训练过程中使用 5 折交叉验证来保证模型的泛化能力。

6.2.1 BP 神经网络模型的结构设计

BP 神经网络模型一般由一个输入层、若干隐含层和一个输出层组成。增加隐含层层数可以提升模型性能，但也会提高网络训练的难度。以往的研究表明，在不限制隐含层节点数的情况下，理论上含有一个隐含层的 BP 神经网络能逼近任意一个非线性连续函数。但由于本书使用的数据规模和维度都比较大，初步测试发现，在仅含有一个隐含层时，即使隐含层节点数很大，评估结果仍不太理想。为此，本书决定构建一个包含多个隐含层的 BP 神经网络模型用于房地产批量评估。

BP 神经网络模型输入层、输出层的节点数取决于所需处理的问题本身。本书研究的是回归问题，每条样本数据包含 49 个特征，将输入层和输出层的节点数分别设置为 49 和 1。隐含层节点数的确定较为复杂，其数量对整个网络的非线性映射能力影响很大。隐含层节点数的过少或过多，容易导致欠拟合、信息丢失或是过拟合、训练困难。参考前人的研究经验（陈诗沁、王洪伟，2020）[25]，本书为 BP 神经网络模型设置 7 个隐含层，各隐含层的节点数分别为 36、36、24、24、12、12、6，模型的结构如图 6-1 所示。

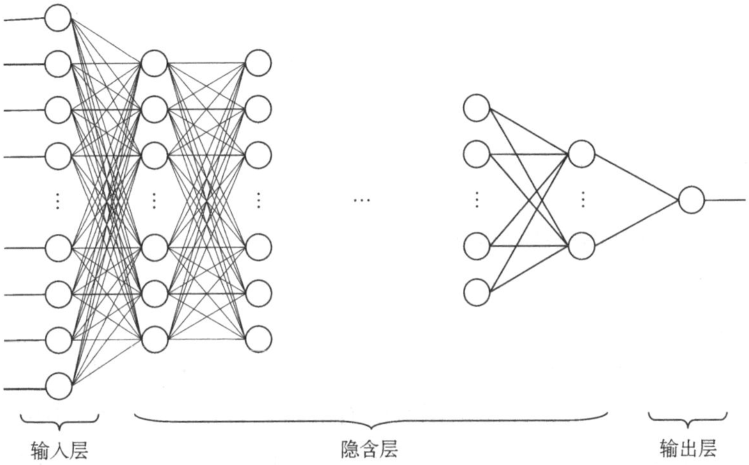

图6-1 BP神经网络模型的结构

为使 BP 神经网络模型能够处理非线性问题，需要在每个神经元的输出上应用激活函数进行非线性转换，激活函数的选择取决于任务的性质及 BP 神经网络的结构。

BP 神经网络模型的隐含层常用 Sigmoid、Tanh 等作为激活函数。Tanh 是 Sigmoid 的变体，将输出范围拓展至 -1 到 1，这样的变化有助于数据的中心化和归一化。同时，Tanh 在梯度传播方面比 Sigmoid 展现出更强的梯度强度，有助于缓解训练效率问题。但是与 Sigmoid 一样，Tanh 同样容易遭遇梯度消失问题。因此，Tanh 更适合用于较为简单或浅层的 BP 神经网络的隐含层，本书将 BP 神经网络模型隐含层的激活函数设置为 Tanh，其表达式为：

$$f(z)=\frac{e^{z}-e^{-z}}{e^{z}+e^{-z}} \tag{6-6}$$

其中，e 为自然对数的底数，z 为激活函数的输入。

在回归问题中，常用线性激活函数或者 ReLU 作为 BP 神经网络模型输出层的激活函数。线性激活函数没有限制输出范围，可以适用于任何实数值的预测。而 ReLU 的输出为非负值，适合在只预测正值的场景下使用。本问题中的期望输出为正值，因此将 BP 神经网络模型输出层的激活函数设置为 ReLU，其表达式为：

$$f(z)=\begin{cases}z，z>0\\0，z\leqslant 0\end{cases} \tag{6-7}$$

其中，z 为激活函数的输入。

6.2.2 BP 神经网络模型的训练

（1）归一化方式

Z-score 标准化有助于确保正则化时不同特征权重的均衡。最大最小归一化有助于确保变量值落在激活函数的有效输出范围内。本模型中分别使用 Z-score 标准化和最大最小归一化对特征变量和目标变量作归一化处理。

（2）初始化条件

在深度学习中，权值和偏置的初始化会影响模型的收敛性能和学习效果。Pytorch 初始化全连接层的权重时默认使用 Kaiming 初始化。这种初始化方式是针对 ReLU 及其变体作为激活函数而设计的，主要是为了缓解深度神经网络中出现梯度消失或梯度爆炸的问题。对于使用 Tanh、Sigmoid 或恒等激活函数的全连接层，常用的权重初始化方式是 Xavier 初始化。该初始化方式能使每一层输出的方差尽可能等于输入的方差，防止信号在深度网络中传递时的衰减或过度放大。本模型中所有隐含层激活函数都为 Tanh，只有输出层激活函数为 ReLU。初始化主要影响模型训练的开始阶段，所以当大部分隐含层激活函数为 Tanh 时，即使输出层的激活函数为 ReLU，整体上对权重使用 Xavier 初始化仍是一个很好的选择。至于偏置的初始化，则按照最普遍的做法将其初始化为 0。原因是这样设置可以让网络从简单的线性模型开始训练，逐步学习更复杂的决策边界。

（3）正则化条件

正则化操作能有效防止神经网络模型在训练过程中出现过拟合问题。常用的正则化方法有 L1、L2 正则化等。本模型对第一个隐含层作 L2 正则化，正则化系数设置为 0.001。

（4）批量大小

通常来说，较大的批量大小可以加快神经网络模型训练速度，但这也可能影响模型的泛化性能。经测试发现，批量大小为 1024 时，本模型能在训练速度、训练稳定性和泛化能力上取得平衡。

（5）优化器与学习率

Adamax 是神经网络模型训练中常用的优化器之一。初步测试发现，Adamax 在本模型的训练中表现良好，初始学习率由优化器默认。

（6）损失函数

神经网络模型的训练通常以最小化损失函数为目标。使用神经网络模型处理回归问题时，最常用的损失函数是均方差损失函数和绝对值损失函数。均方差损失函数更适合于需要精确预测且已排除异常值影响的情况。本书构建的房地产批量评估数据集已经排除了大部分异常数据，因此选用均方差损失函数。

（7）迭代次数

在神经网络模型训练过程中，可以设置早停策略来防止模型过度拟合样本数据。根据初步测试的结果，本模型训练时将耐心值设定为 50，将最大迭代次数设定为 400。

BP 神经网络模型训练的相关设置如表 6-6 所示。

表6-6 BP神经网络模型训练的相关设置

参数	参数设置
归一化方式	特征变量用 Z-score 标准化，目标变量用最大最小归一化

续表

参数	参数设置
初始化条件	对权重使用 Xavier 初始化，将偏置初始化为 0
正则化条件	对第一个隐含层作 L2 正则化，正则化系数设置为 0.001
批量大小	1024
优化器	Adamax
损失函数	均方差损失函数
最大迭代次数、耐心值	400、50

6.2.3 BP 神经网络模型的评估结果

房地产批量评估模型构建完成之后，在训练集和验证集上分别测试模型的评估效果，5 折交叉验证的结果如表 6-7 所示。

表6-7 BP神经网络模型的评估结果

测试过程		MAPE	MAE	RMSE	R^2
第 1 折	训练集	16.413644	66.207031	123.715279	0.888473
	验证集	16.350356	66.265518	118.822883	0.890563
第 2 折	训练集	15.007307	61.921509	114.155434	0.903610
	验证集	15.170400	62.868690	126.724388	0.882934
第 3 折	训练集	15.769802	63.842144	122.720009	0.889353
	验证集	15.815485	63.562157	116.237602	0.898806
第 4 折	训练集	15.793733	62.304424	115.872032	0.897750
	验证集	15.636702	63.149464	124.095512	0.899146
第 5 折	训练集	15.850365	63.872776	119.616867	0.896397
	验证集	15.898001	62.866806	118.466515	0.888188
平均值	训练集	15.766970	63.629577	119.215924	0.895117
	验证集	15.774189	63.742527	120.869380	0.891927

由交叉验证的结果可知，BP 神经网络模型在训练集上的平均 MAPE、MAE、RMSE、R^2 分别为 15.766970、63.629577、119.215924、0.895117，在验证集上的平均 MAPE、MAE、RMSE、R^2 分别为 15.774189、63.742527、

120.869380、0.891927，总体评估效果良好。再观察模型在各折上的性能表现，各折训练集和验证集上的评估效果检验指标都非常接近，说明模型具有较好的泛化能力和稳定性，能够用于完成房地产批量评估任务。

6.3　房地产批量评估模型对比

6.3.1　模型评估效果对比

将用于 5 折交叉验证的样本数据作为新的训练集，按照前文的训练设置重新训练动态神经网络模型、多元回归模型、BP 神经网络模型，并在训练集和测试集上测试各模型的评估效果，测试结果如表 6-8 所示。

表6-8　房地产批量评估模型评估效果对比

测试过程		MAPE	MAE	RMSE	R^2
动态神经网络模型	训练集	5.036730	19.160849	62.783176	0.970929
	测试集	7.444632	33.046982	96.708458	0.930406
多元回归模型	训练集	14.571461	63.687946	137.256558	0.861058
	测试集	14.545142	63.470088	139.588094	0.855009
BP 神经网络模型	训练集	16.705354	65.148232	117.553528	0.898085
	测试集	16.640142	65.064880	116.835655	0.898423

动态神经网络模型、多元回归模型、BP 神经网络模型分别在训练集和测试集上的评估效果检验指标都较为接近，说明各模型的拟合状态都较为良好。

比较多元回归模型和 BP 神经网络模型在测试集上的评估效果检验指标可以发现，BP 神经网络模型在 RMSE 和 R^2 上表现更好，但在 MAPE 和 MAE 上表现稍差，说明相较于多元回归模型，BP 神经网络模型在整体误差大小和目标变量变异性捕捉上表现较好，但在平均误差大小和相对误差方面稍逊。

动态神经网络模型相较于多元回归模型和 BP 神经网络模型，在测试集上的 MAPE 分别提升了 7.10051 和 9.19551，MAE 分别提升了 30.423106 和 32.017898，RMSE 分别提升了 42.879636 和 20.127197，R^2 分别提升了

0.075397 和 0.031983。这些关键性能指标的提升表明其在预测准确性、处理大误差及解释目标变量变异性方面相比多元回归模型和 BP 神经网络模型有显著提升。本书设计的动态神经网络模型能够有效解决复杂非线性问题，可用于房地产批量评估并取得理想评估效果。

6.3.2 模型评估效果差异分析

对数形式的多元回归模型是一种常用的非线性模型，可以有效地捕捉特征变量和目标变量之间存在的乘法关系或幂函数关系。但房地产价格和房地产价格影响因素之间的关系错综复杂，无法用这种函数形式来精确描述。BP 神经网络模型凭借非线性拟合的能力常用于处理非线性问题，但是过于简单的模型结构使其参数空间有限，不具备足够的表达能力来对整个城市范围内的房地产样本案例实施批量评估。因此，这两个模型在本书的实证研究中表现欠佳。

动态神经网络模型以动态神经网络设计理念中的动态深度设计思路为指导进行设计，由三个拥有完整模型结构的子模型级联得到，模型推理过程中可以根据不同输入样本自适应决定下游子模型的激活或执行退出，从而为各输入样本分配更合适的计算路径。这种基于动态推理范式构建的模型具备更优的推理效率、可解释性。在动态神经网络模型中，各层子模型输入 token 的数量逐层增加，下游子模型还能通过关系复用和特征复用机制来使用上游子模型提取到的有价值信息，因而处于深层的子模型具备更大的参数空间和更强的表达能力。再加上各层子模型中 ViT 层的堆叠、注意力机制的使用、分头操作的实施，使其具备强大的特征提取能力，能完成对房地产样本案例特征序列更全局、更复杂的特征提取。因此该模型在分布范围广、时间跨度大、同质性较低、特征变量众多的大型数据集上也能取得理想的表现，且无须以预先筛选价格影响因素或者进行样本分区、样本聚类为前提，数据使用效率更高、实现流程更加简洁，具备可操作性、可推广性。

第 7 章　结论与展望

7.1　结　论

房地产的流通、持有等环节都存在价值评估的需求。然而现有的房地产批量评估研究成果总体上缺乏系统性，各位学者对不同类型批量评估方法的可靠性莫衷一是，针对批量评估方法的应用创新不足。为探寻性能更优、可解释性更强，且适合我国的房地产智能化批量评估方法，本书基于动态神经网络设计理念，重新设计了一个具备自适应推理能力的动态神经网络模型。该模型的编码部分借助 Tokens-to-token 模块来实现自适应 token 数量；主干部分为级联的 3 个堆叠 12 层的原始 ViT 模型，用作样本案例深层次特征的提取，还在各层子模型之间设计信息复用机制，以提高信息利用效率；输出部分则使用 1 个全连接层来实现。检验模型评估效果时选用 MAPE、MAE、RMSE、R^2 作为检验指标。根据实验结果得出以下结论：

①本书在系统总结房地产价格影响因素的基础上，使用网络爬虫及空间分析方法搜集上海市范围内的二手房交易数据及样本案例特征信息，再结合现有的研究成果，选取了恰当方式对房地产价格影响因素实现量化，并对数据中存在的异常值和缺失值进行处理。最终得到的房地产批量评估数据集中包含 284796 条样本案例，每条样本案例具有 49 个特征。实证研究的结果显示，该数据集能够为各房地产批量评估模型提供充足的、具有价值的信息来完成评估工作，进一步说明房地产价格影响因素的确定、样本案例交易数据及特征信息的搜集、数据的预处理等步骤合理有效，能够为房地产批量评估研究提供参考，助力高质量房地产批量评估模型的构建。

②本书基于动态神经网络设计理念中的动态深度设计思路，设计了一个具

备自适应推理能力的动态神经网络模型。该模型在处理不同测试样本时，能够由决策单元自适应决定激活模型中的下游子模型或执行输出。这种早退策略能提高模型的推理效率，准确合理的早退还将提高神经网络模型的可解释性。

③实证研究的结果显示，动态神经网络模型在训练集上获得的MAPE、MAE、RMSE、R^2 分别为5.036730、19.160849、62.783176、0.970929，在测试集上获得的MAPE、MAE、RMSE、R^2 分别为7.444632、33.046982、96.708458、0.930406，模型具备较高的评估精度和较好的泛化能力。相较于传统的多元回归模型和BP神经网络模型，该动态神经网络模型在各评估效果检验指标上都有较大幅度的提升。这些关键性能指标的提升表明其在预测准确性、处理大误差及解释目标变量变异性方面的能力相比传统的多元回归模型和BP神经网络模型有显著提高。模型有能力对整个城市范围内的房地产样本案例实施价值评估，具备可操作性和可推广性。

7.2 展 望

7.2.1 存在不足

①本书的房地产批量评估数据集是通过整合二手房交易数据及样本案例特征信息得到的。基于这个数据集构建的房地产批量评估模型仅能反映城市二手房市场的价格情况，而不能反映整个城市房地产市场的价格情况。另外，二手房交易数据来源于单个二手房交易平台，不能涵盖城市内全量的二手房交易记录，样本案例的分布情况可能与真实情况存在偏差，并且其中存在少量难以清除的商业类房地产交易记录，这些可能影响房地产批量评估模型的精度。

②为精确描述各样本案例在成交时点的区位特征，本书搜集了地图服务商以往历年的POI数据来对其进行表示。但是，来源于地图的POI数据中难免存在一些噪声，数据的爬取过程中也难免出现遗漏，再加之部分数据年份久远难以核实修正，会对各样本案例区位特征描述的准确性产生一定影响。

③在房地产价格影响因素的量化中，样本案例区位特征的量化从数量和距离两个角度进行，未考虑影响因素之间的质量差异及位置分布情况。同时，样

本案例区位特征中与距离相关的特征使用的是直线距离来描述，改用道路距离来描述更加合适。房地产价格影响因素的量化方式细致程度还有待提高。

7.2.2 改进方向

①高质量的房地产批量评估需要以大量准确的数据作为支撑，但由于缺乏权威可靠的数据获取途径，现有的研究大多以二手房交易平台和地图服务商为数据来源，在数据量和可靠性方面有所欠缺。因此，亟须寻找新的数据获取途径，并进一步细化房地产价格影响因素的量化规则，助力大数据时代房地产批量评估方法的研究。

②相较于传统的房地产批量评估模型，本书构建的动态神经网络模型在评估精度和泛化能力提升的同时，模型复杂度也有极大提高，并且由于注意力机制的加入，模型训练需要耗费大量算力。好在本书设计的动态神经网络模型提供的是一个灵活的框架，其中各层子模型可以替换为现有的大部分 ViT 模型，可以进一步尝试将轻量化的 ViT 模型作为子模型，并寻找更加合适的优化策略，从而在保证模型评估效果的同时减少计算开销，提高模型适用性。

③通过对比以往常用的房地产批量评估模型，本书构建的动态神经网络模型的有效性得到证实。但在实际应用中，决策单元还能进一步细化，以实现更准确合理的自适应推理，从而进一步提升模型评估准确性和推理效率。

参考文献

［1］陈家杰 . 大数据背景下基于 K 近邻算法和特征价格模型的住宅价格批量评估研究 [D]. 重庆 : 重庆交通大学 , 2022.

［2］田源 . 城市住宅房产税税基批量评估研究 [D]. 西安 : 西安建筑科技大学 , 2016.

［3］李文 , 秦月 , 孟丽荣 , 等 . 物业税税基评估体系的设计——以哈尔滨市为例 [J]. 会计之友 , 2013(31): 108-113.

［4］张思雪 , 林汉川 , 吕臣 , 等 . 住宅房地产批量评估模型的构建 [J]. 统计与决策 , 2016(3): 69-72.

［5］杨杉 , 邓科 . 特征价格模型对房地产税税基评估的适用性 [J]. 商业研究 , 2015(6): 90-96.

［6］KILPATRICK J. Expert systems and mass appraisal[J]. Journal of Property Investment & Finance, 2011, 29(4/5): 529-550.

［7］ARRIBAS I, GARCÍA F, GUIJARRO F, et al. Mass appraisal of residential real estate using multilevel modelling[J]. International Journal of Strategic Property Management, 2016, 20(1): 77-87.

［8］余炳文 , 夏易 . 基于层次分析法修正的线性回归批量评估研究 [J]. 科技广场 , 2016(5): 128-133.

［9］MORANO P, TAJANI F, LOCURCIO M. Multicriteria analysis and genetic algorithms for mass appraisals in the Italian property market[J]. International Journal of Housing Markets and Analysis, 2018, 11(2): 229-262.

［10］MORANO P, ROSATO P, TAJANI F, et al. Contextualized property market models vs. Generalized mass appraisals: An innovative approach[J]. Sustainability, 2019, 11(18): 4896.

[11] 耿继进，何素芳．房地产计税价格批量评估实证研究 [J]. 地理空间信息，2011, 9(3): 27-31,187.

[12] 纪益成，马铮，张然，等．基于空间误差模型的房地产批量评估研究 [J]. 建筑经济，2015, 36(2): 62-67.

[13] 刘洪玉，李妍．基于模糊数学的房地产批量评估 [J]. 清华大学学报 (自然科学版), 2017, 57(11): 1202-1206.

[14] ZHANG R, DU Q, GENG J, et al. An improved spatial error model for the mass appraisal of commercial real estate based on spatial analysis: Shenzhen as a case study[J]. Habitat International, 2015, 46: 196-205.

[15] UBERTI M S, ANTUNES M A H, DEBIASI P, et al. Mass appraisal of farmland using classical econometrics and spatial modeling[J]. Land Use Policy, 2018, 72: 161-170.

[16] BENCURE J C, TRIPATHI N K, MIYAZAKI H, et al. Development of an innovative Land Valuation Model (iLVM) for mass appraisal application in sub-urban areas using AHP: An integration of theoretical and practical approaches[J]. Sustainability, 2019, 11(13): 3731.

[17] WANG D, LI V J, YU H. Mass appraisal modeling of real estate in urban centers by geographically and temporally weighted regression: A case study of Beijing's core area[J]. Land, 2020, 9(5): 143.

[18] MCCLUSKEY W J, MCCORD M, DAVIS P T, et al. Prediction accuracy in mass appraisal: A comparison of modern approaches[J]. Journal of Property Research, 2013, 30(4): 239-265.

[19] 公云龙，杨雨涵．随机森林房地产自动评估模型构建及其比较研究 [J]. 中国资产评估，2022(1): 32-41.

[20] ZURADA J, LEVITAN A, GUAN J. A comparison of regression and artificial intelligence methods in a mass appraisal context[J]. Journal of Real Estate Research, 2011, 33(3): 349-388.

[21] 龚科，肖智，李丹．基于支持向量机的物业税税基批量评估 [J]. 涉外

税务, 2010(5): 35-39.

[22] 刘璐, 施昆昊. 基于支持向量机回归的房屋比价关系研究 [J]. 特区经济, 2018(7): 126-128.

[23] 潘巍, 晋松. 基于回归 LS-SVM 的房地产估价方法 [J]. 电子技术与软件工程, 2019(19): 154-155.

[24] ANTIPOV E A, POKRYSHEVSKAYA E B. Mass appraisal of residential apartments: An application of random forest for valuation and a CART-based approach for model diagnostics[J]. Expert Systems with Applications, 2012, 39(2): 1772-1778.

[25] 陈诗沁, 王洪伟. 基于机器学习的房地产批量评估模型 [J]. 统计与决策, 2020, 36(9): 181-185.

[26] YILMAZER S, KOCAMAN S. A mass appraisal assessment study using machine learning based on multiple regression and random forest[J]. Land Use Policy, 2020, 99: 104889.

[27] 杨智璇, 张继瑜. 数据驱动下房地产批量评估方法研究——以大连市为例 [J]. 中国房地产, 2022(15): 54-59.

[28] 杨艺璇, 刘超. 基于 boosting 算法的房产估价模型 [C] // 2022 年第六届国际科技创新与教育发展学术会议论文集. 北京: 香港新世纪文化出版社, 2022: 288-293.

[29] CHUN L C, MOHAN S B. Effectiveness comparison of the residential property mass appraisal methodologies in the USA[J]. International Journal of Housing Markets and Analysis, 2011, 4(3): 224-243.

[30] MCCLUSKEY W, DAVIS P, HARAN M, et al. The potential of artificial neural networks in mass appraisal: The case revisited[J]. Journal of Financial Management of Property and Construction, 2012, 17(3): 274-292.

[31] 吕霁. 基于遗传算法优化神经网络的房地产评估模型及实证研究 [J]. 计算机科学, 2014, 41(S2): 75-77,87.

[32] YACIM J A, BOSHOFF D G B, KHAN A. Hybridizing Cuckoo Search

with Levenberg-Marquardt algorithms in optimization and training of ANNs for mass appraisal of properties[J]. Journal of Real Estate Literature, 2016, 24(2): 473-492.

[33] YACIM J A, BOSHOFF D G B. Combining BP with PSO algorithms in weights optimisation and ANNs training for mass appraisal of properties[J]. International Journal of Housing Markets and Analysis, 2018, 11(2): 290-314.

[34] 张然 . 基于改进 SEM 模型的城市商业房地产批量评估研究 [D]. 武汉 : 武汉大学 , 2015.

[35] 常青 . 房地产估价基本理论问题研究 [J]. 兰州大学学报 (社会科学版), 2010, 38(4): 153-157.

[36] 金桂荣 . 房地产税征管中的房地产批量评估问题研究 [J]. 中国注册会计师 , 2012(11): 102-106.

[37] 田中山 . 基于商圈理论的城市加油站竞争选址研究 [D]. 武汉 : 华中科技大学 , 2010.

[38] 刘昌贤 . 基于互联网数据的商业房地产价格批量评估研究 [D]. 重庆 : 重庆大学 , 2019.

[39] 王阿忠 , 李倩 . 基于粗糙集神经网络的房产税基批量评估研究 [J]. 福州大学学报 (哲学社会科学版), 2019, 33(5): 30-37.

[40] KRIZHEVSKY A, SUTSKEVER I, HINTON G E. ImageNet classification with deep convolutional neural networks[J]. Communications of the ACM, 2017, 60(6): 84-90.

[41] SIMONYAN K, ZISSERMAN A. Very deep convolutional networks for large-scale image recognition[EB/OL]. https://arxiv.org/abs/1409.1556.

[42] SZEGEDY C, LIU W, JIA Y, et al. Going deeper with convolutions[EB/OL]. https://arxiv.org/abs/1409.4842.

[43] HE K, ZHANG X, REN S, et al. Deep residual learning for image recognition[EB/OL]. https://arxiv.org/abs/1512.03385.

[44] VASWANI A, SHAZEER N, PARMAR N, et al. Attention is all you

need[EB/OL]. https://arxiv.org/abs/1706.03762.

[45] DEVLIN J, CHANG M W, LEE K, et al. BERT: Pre-training of deep Bidirectional Transformers for language understanding[EB/OL]. https://arxiv.org/abs/1810.04805.

[46] HAN Y, HUANG G, SONG S, et al. Dynamic neural networks: A survey[J]. IEEE Transactions on Pattern Analysis and Machine Intelligence, 2021, 44(11): 7436-7456.

[47] 孙毅，李健，徐昕，等．深度自适应动态神经网络进展综述 [J]. 激光与光电子学进展，2022, 59(14): 106-117.

[48] 黄梦吟，郭化林．基于 GIS 的房地产税税基批量评估 [J]. 财会月刊，2012(18): 49-53.

[49] TIAN Y, YANG J P. Application of Geographic Information System on urban residential real estate mass appraisal[J]. Applied Mechanics and Materials, 2015, 744: 1665-1668.

[50] 李恒凯，柯江晨，王秀丽．融 GIS 和 BP 神经网络的住宅房产评估模型 [J]. 测绘科学，2018, 43(8): 104-109.

[51] 李恒凯，杨柳，王秀丽，等．融合 GIS 和多属性决策方法的房产批量评估模型 [J]. 测绘科学，2017, 42(4): 61-67.

[52] 李慕杰．基于机器学习的城市房价批量评估方法研究 [D]. 成都：电子科技大学，2023.

[53] 张松兰，王鹏，徐子伟．基于统计相关的缺失值数据处理研究 [J]. 统计与决策，2016(12). 13-16.

[54] YANG L, HAN Y, CHEN X, et al. Resolution adaptive networks for efficient inference[C]// Proceedings of the IEEE/CVF Conference on Computer Vision and Pattern Recognition. 2020: 2366-2375.

[55] HUANG G, CHEN D, LI T, et al. Multi-scale dense networks for resource efficient image classification[EB/OL]. https://arxiv.org/abs/1703.09844.

[56] DOSOVITSKIY A, BEYER L, KOLESNIKOV A, et al. An image is

worth 16x16 words: Transformers for image recognition at scale[EB/OL]. https://arxiv.org/abs/2010.11929.

[57] YUAN L, CHEN Y, WANG T, et al. Tokens-to-Token ViT: Training Vision Transformers from scratch on ImageNet[EB/OL]. https://arxiv.org/abs/2101.11986.

[58] WANG Y, HUANG R, SONG S, et al. Not All Images are Worth 16x16 Words: Dynamic Transformers for Efficient Image Recognition[EB/OL]. https://arxiv.org/abs/2105.15075.

[59] 梁远明 . 多元回归分析法在二手住宅批量评估中的应用研究 [D]. 重庆 : 重庆理工大学 , 2020.

附录[1] 原始数据

小区名字	成交价	单价	挂牌价格	成交时间	房屋户型	所在楼层	建筑面积
绿地丽水名邸	282	19030	300	2018.03.07	3 室 2 厅 1 厨 2 卫	低楼层（共 3 层）	148.19
三元及地苑	720	65772	747	2023.02.26	3 室 2 厅 1 厨 1 卫	中楼层（共 13 层）	109.47
三元及地苑	590.8	66145	625	2023.01.02	2 室 2 厅 1 厨 1 卫	高楼层（共 17 层）	89.32
三元及地苑	787	49538	845	2020.08.24	6 室 3 厅 1 厨 2 卫	高楼层（共 13 层）	158.87
三元及地苑	449	45831	455	2019.12.01	2 室 1 厅 1 厨 1 卫	低楼层（共 13 层）	97.97
三元及地苑	805	57459	840	2018.05.13	4 室 2 厅 1 厨 2 卫	高楼层（共 13 层）	140.1
三元及地苑	290	27070	300	2015.06.10	2 室 2 厅 1 厨 2 卫	低楼层（共 17 层）	107.13
东珠苑	350	54121	355	2018.05.03	2 室 1 厅 1 厨 1 卫	中楼层（共 11 层）	64.67
东珠苑	375	57693	380	2017.04.12	1 室 2 厅 1 厨 1 卫	高楼层（共 11 层）	65
东珠苑	395	32185	399	2016.01.21	3 室 2 厅 1 厨 2 卫	中楼层（共 11 层）	122.73
中环财富杰座	155	29451	160	2022.10.29	1 室 1 厅 1 厨 1 卫	高楼层（共 22 层）	52.63
中环财富杰座	97	19080	110	2020.05.13	1 室 1 厅 1 厨 1 卫	低楼层（共 22 层）	50.84
中环财富杰座	158	28020	168	2018.10.25	1 室 1 厅 1 厨 1 卫	高楼层（共 24 层）	56.39
中环财富杰座	125	27778	130	2017.03.20	1 室 1 厅 1 厨 1 卫	中楼层（共 24 层）	45
中环财富杰座	135	30144	134.8	2016.12.24	1 室 1 厅 1 厨 2 卫	高楼层（共 24 层）	44.72

[1] 由于数据量过大，本书只报告部分未经处理的原始数据。数据中成交价和挂牌价格单位为万元，单价单位为元，建筑面积单位为平方米。

续表

小区名字	成交价	单价	挂牌价格	成交时间	房屋户型	所在楼层	建筑面积
中环财富杰座	140	25455	150	2016.08.30	1 室 1 厅 1 厨 1 卫	中楼层（共 24 层）	55
中环财富杰座	127	24902	130	2016.08.02	2 室 1 厅 1 厨 1 卫	中楼层（共 24 层）	51
丰庄一村	220	47100	240	2023.06.04	1 室 1 厅 1 厨 1 卫	高楼层（共 6 层）	46.71
丰庄一村	305	47331	317	2023.04.08	2 室 1 厅 1 厨 1 卫	高楼层（共 6 层）	64.44
丰庄一村	405	50588	410	2023.03.06	2 室 2 厅 1 厨 1 卫	中楼层（共 6 层）	80.06
丰庄一村	261.7	56220	265	2022.12.13	1 室 1 厅 1 厨 1 卫	低楼层（共 6 层）	46.55
丰庄一村	355	53304	363	2022.12.05	2 室 1 厅 1 厨 1 卫	中楼层（共 6 层）	66.6
丰庄一村	220	42661	233	2022.11.20	1 室 1 厅 1 厨 1 卫	高楼层（共 6 层）	51.57
丰庄一村	297	38482	320	2022.10.30	2 室 1 厅 1 厨 1 卫	高楼层（共 6 层）	77.18
丰庄一村	373	55473	380	2022.07.28	2 室 1 厅 1 厨 1 卫	低楼层（共 6 层）	67.24
丰庄一村	343	51805	367	2022.07.23	2 室 1 厅 0 厨 1 卫	中楼层（共 6 层）	66.21
丰庄一村	235	45473	238	2022.07.17	1 室 1 厅 1 厨 1 卫	中楼层（共 6 层）	51.57
丰庄一村	375	56307	375	2022.06.27	2 室 1 厅 1 厨 1 卫	低楼层（共 6 层）	66.6
丰庄一村	240	51503	249	2022.06.11	1 室 1 厅 1 厨 1 卫	高楼层（共 6 层）	46.6
丰庄一村	364	54162	380	2022.06.03	2 室 1 厅 1 厨 1 卫	低楼层（共 6 层）	67.17
丰庄一村	236	50699	241	2022.03.01	1 室 1 厅 1 厨 1 卫	高楼层（共 6 层）	46.55
丰庄一村	329	50978	335	2022.02.19	2 室 1 厅 1 厨 1 卫	中楼层（共 6 层）	64.44
丰庄一村	337	49603	342	2022.01.26	2 室 1 厅 1 厨 1 卫	高楼层（共 6 层）	67.94
丰庄一村	245	52468	247	2022.01.16	1 室 1 厅 1 厨 1 卫	高楼层（共 6 层）	46.6
丰庄一村	355	53304	360	2022.01.16	2 室 1 厅 1 厨 1 卫	中楼层（共 6 层）	66.6
丰庄一村	308	47797	318	2021.12.28	2 室 1 厅 1 厨 1 卫	高楼层（共 6 层）	64.44

小区名字	梯户比例	容积率	总楼栋	总户数	固定车位数	经度	纬度
绿地丽水名邸	一梯四户	1.28	55	264	94	121.116258	31.292154
三元及地苑	一梯两户	2.1	7	304	200	121.3760233	31.26220092
三元及地苑	两梯四户	2.1	7	304	200	121.3760233	31.26220092

续表

小区名字	梯户比例	容积率	总楼栋	总户数	固定车位数	经度	纬度
三元及地苑	一梯两户	2.1	7	304	200	121.3760233	31.26220092
三元及地苑	一梯三户	2.1	7	304	200	121.3760233	31.26220092
三元及地苑	一梯三户	2.1	7	304	200	121.3760233	31.26220092
三元及地苑	两梯四户	2.1	7	304	200	121.3760233	31.26220092
东珠苑	一梯三户	2.29	4	120	212	121.369393	31.26315605
东珠苑	一梯三户	2.29	4	120	212	121.369393	31.26315605
东珠苑	一梯三户	2.29	4	120	212	121.369393	31.26315605
中环财富杰座	四梯三十二户	3.98	3	1483	301	121.378574	31.25527816
中环财富杰座	四梯三十二户	3.98	3	1483	301	121.378574	31.25527816
中环财富杰座	两梯六户	3.98	3	1483	301	121.378574	31.25527816
中环财富杰座	两梯六户	3.98	3	1483	301	121.378574	31.25527816
中环财富杰座	两梯六户	3.98	3	1483	301	121.378574	31.25527816
中环财富杰座	两梯八户	3.98	3	1483	301	121.378574	31.25527816
中环财富杰座	两梯九户	3.98	3	1483	301	121.378574	31.25527816
丰庄一村	一梯两户	2	150	2316	205	121.3717784	31.25488739
丰庄一村	一梯四户	2	150	2316	205	121.3717784	31.25488739
丰庄一村	一梯两户	2	150	2316	205	121.3717784	31.25488739
丰庄一村	一梯两户	2	150	2316	205	121.3717784	31.25488739
丰庄一村	一梯两户	2	150	2316	205	121.3717784	31.25488739
丰庄一村	一梯五户	2	150	2316	205	121.3717784	31.25488739
丰庄一村	一梯五户	2	150	2316	205	121.3717784	31.25488739
丰庄一村	一梯两户	2	150	2316	205	121.3717784	31.25488739
丰庄一村	一梯两户	2	150	2316	205	121.3717784	31.25488739
丰庄一村	一梯五户	2	150	2316	205	121.3717784	31.25488739
丰庄一村	一梯两户	2	150	2316	205	121.3717784	31.25488739
丰庄一村	一梯两户	2	150	2316	205	121.3717784	31.25488739
丰庄一村	一梯两户	2	150	2316	205	121.3717784	31.25488739
丰庄一村	一梯两户	2	150	2316	205	121.3717784	31.25488739

续表

小区名字	梯户比例	容积率	总楼栋	总户数	固定车位数	经度	纬度
丰庄一村	一梯四户	2	150	2316	205	121.3717784	31.25488739
丰庄一村	一梯两户	2	150	2316	205	121.3717784	31.25488739
丰庄一村	一梯两户	2	150	2316	205	121.3717784	31.25488739
丰庄一村	一梯两户	2	150	2316	205	121.3717784	31.25488739
丰庄一村	一梯四户	2	150	2316	205	121.3717784	31.25488739
丰庄一村	一梯两户	2	150	2316	205	121.3717784	31.25488739
丰庄一村	一梯四户	2	150	2316	205	121.3717784	31.25488739
丰庄一村	一梯四户	2	150	2316	205	121.3717784	31.25488739

小区名字	成交价	单价	挂牌价格	成交时间	房屋户型	所在楼层	建筑面积
丰庄二村	203	42514	210	2018.06.05	1 室 1 厅 1 厨 1 卫	中楼层（共 6 层）	47.75
丰庄二村	225	33825	227	2018.05.13	2 室 1 厅 1 厨 1 卫	低楼层（共 6 层）	66.52
丰庄二村	171	35142	180	2018.05.13	1 室 1 厅 1 厨 1 卫	中楼层（共 6 层）	48.66
丰庄二村	335	47157	340	2018.02.03	2 室 1 厅 1 厨 1 卫	低楼层（共 6 层）	71.04
丰庄二村	302	45579	308	2018.01.26	2 室 1 厅 1 厨 1 卫	高楼层（共 6 层）	66.26
丰庄二村	230	43294	240	2017.12.03	1 室 1 厅 1 厨 1 卫	高楼层（共 6 层）	53.08
丰庄二村	240	36364	260	2017.09.23	2 室 1 厅 1 厨 1 卫	高楼层（共 6 层）	66
丰庄二村	180	36992	188	2017.08.12	1 室 1 厅 1 厨 1 卫	高楼层（共 6 层）	48.66
丰庄二村	188	38451	200	2017.07.30	1 室 1 厅 1 厨 1 卫	中楼层（共 6 层）	48.66
丰庄二村	257	48473	257	2017.03.27	1 室 1 厅 1 厨 1 卫	低楼层（共 6 层）	53.02
丰庄二村	324	45417	324	2016.12.24	2 室 1 厅 1 厨 1 卫	高楼层（共 6 层）	71.34
丰庄二村	302	47455	302	2016.12.16	2 室 1 厅 1 厨 1 卫	低楼层（共 6 层）	63.64
丰庄二村	242	36381	245	2016.10.17	2 室 1 厅 1 厨 1 卫	中楼层（共 6 层）	66.52
丰庄二村	380	46195	380	2016.10.14	2 室 2 厅 1 厨 1 卫	低楼层（共 6 层）	82.26
丰庄二村	216	45236	220	2016.09.28	1 室 1 厅 1 厨 1 卫	高楼层（共 6 层）	47.75
丰庄二村	218	32986	157	2016.06.12	2 室 1 厅 1 厨 1 卫	中楼层（共 6 层）	66.09
丰庄二村	207	31161	207	2016.03.13	2 室 1 厅 1 厨 1 卫	中楼层（共 6 层）	66.43
丰庄二村	172	23996	175	2016.02.26	2 室 1 厅 1 厨 1 卫	高楼层（共 6 层）	71.68

续表

小区名字	成交价	单价	挂牌价格	成交时间	房屋户型	所在楼层	建筑面积
丰庄二村	123	25278	133	2016.02.25	1室1厅1厨1卫	中楼层（共6层）	48.66
丰庄二村	173	26225	173	2016.01.16	2室1厅1厨1卫	高楼层（共6层）	65.97
丰庄二村	180	27097	182	2016.01.15	0室0厅1厨0卫	低楼层（共6层）	66.43
丰庄二村	162	25378	161.5	2015.12.20	2室1厅1厨1卫	中楼层（共6层）	63.64
丰庄二村	175	26412	175	2015.12.12	2室1厅1厨1卫	高楼层（共6层）	66.26
丰庄二村	157	23756	157	2015.12.04	2室1厅1厨1卫	中楼层（共6层）	66.09
丰庄二村	115	24427	115	2015.10.28	0室0厅1厨0卫	高楼层（共6层）	47.08
丰庄二村	159	24985	159	2015.09.12	2室1厅1厨1卫	低楼层（共6层）	63.64
丰庄十三街坊	336	50971	348	2023.04.22	2室1厅1厨1卫	中楼层（共6层）	65.92
丰庄十三街坊	313	47482	330	2023.04.01	2室1厅1厨1卫	高楼层（共6层）	65.92
丰庄十三街坊	380	57646	385	2023.02.19	2室1厅1厨1卫	低楼层（共6层）	65.92
丰庄十三街坊	260	55497	265	2021.12.26	1室1厅1厨1卫	低楼层（共6层）	46.85
丰庄十三街坊	253	51288	259	2021.11.21	1室1厅1厨1卫	高楼层（共6层）	49.33
丰庄十三街坊	366	53509	370	2021.04.03	2室2厅1厨1卫	高楼层（共6层）	68.4
丰庄十三街坊	223	45270	230	2021.02.23	1室1厅1厨1卫	高楼层（共6层）	49.26
丰庄十三街坊	320	48544	326	2021.01.14	2室1厅1厨1卫	高楼层（共6层）	65.92
丰庄十三街坊	288	43614	300	2020.12.30	2室1厅1厨1卫	高楼层（共6层）	65.92
丰庄十三街坊	305	43776	310	2020.12.17	2室2厅1厨1卫	高楼层（共6层）	69.56
丰庄十三街坊	216	43849	225	2020.11.18	1室1厅1厨1卫	高楼层（共6层）	49.26
丰庄十三街坊	306	46420	318	2020.11.12	2室1厅1厨1卫	中楼层（共6层）	65.92
丰庄十三街坊	298	45207	300	2019.03.31	2室1厅1厨1卫	中楼层（共6层）	65.92

小区名字	梯户比例	容积率	总楼栋	总户数	固定车位数	经度	纬度
丰庄二村	一梯两户	1.8	81	1109	236	121.3713565	31.2517129
丰庄二村	一梯四户	1.8	81	1109	236	121.3713565	31.2517129
丰庄二村	一梯四户	1.8	81	1109	236	121.3713565	31.2517129
丰庄二村	一梯两户	1.8	81	1109	236	121.3713565	31.2517129

续表

小区名字	梯户比例	容积率	总楼栋	总户数	固定车位数	经度	纬度
丰庄二村	一梯两户	1.8	81	1109	236	121.3713565	31.2517129
丰庄二村	一梯两户	1.8	81	1109	236	121.3713565	31.2517129
丰庄二村	一梯四户	1.8	81	1109	236	121.3713565	31.2517129
丰庄二村	一梯四户	1.8	81	1109	236	121.3713565	31.2517129
丰庄二村	一梯四户	1.8	81	1109	236	121.3713565	31.2517129
丰庄二村	一梯两户	1.8	81	1109	236	121.3713565	31.2517129
丰庄二村	一梯两户	1.8	81	1109	236	121.3713565	31.2517129
丰庄二村	一梯四户	1.8	81	1109	236	121.3713565	31.2517129
丰庄二村	一梯四户	1.8	81	1109	236	121.3713565	31.2517129
丰庄二村	一梯两户	1.8	81	1109	236	121.3713565	31.2517129
丰庄二村	一梯两户	1.8	81	1109	236	121.3713565	31.2517129
丰庄二村	一梯四户	1.8	81	1109	236	121.3713565	31.2517129
丰庄二村	一梯两户	1.8	81	1109	236	121.3713565	31.2517129
丰庄二村	一梯四户	1.8	81	1109	236	121.3713565	31.2517129
丰庄二村	一梯四户	1.8	81	1109	236	121.3713565	31.2517129
丰庄二村	一梯两户	1.8	81	1109	236	121.3713565	31.2517129
丰庄二村	一梯两户	1.8	81	1109	236	121.3713565	31.2517129
丰庄二村	一梯四户	1.8	81	1109	236	121.3713565	31.2517129
丰庄二村	一梯两户	1.8	81	1109	236	121.3713565	31.2517129
丰庄二村	一梯四户	1.8	81	1109	236	121.3713565	31.2517129
丰庄二村	一梯两户	1.8	81	1109	236	121.3713565	31.2517129
丰庄二村	一梯四户	1.8	81	1109	236	121.3713565	31.2517129
丰庄十三街坊	一梯两户	2.6	20	240	220	121.3624228	31.25223522
丰庄十三街坊	一梯两户	2.6	20	240	220	121.3624228	31.25223522
丰庄十三街坊	一梯两户	2.6	20	240	220	121.3624228	31.25223522
丰庄十三街坊	一梯两户	2.6	20	240	220	121.3624228	31.25223522
丰庄十三街坊	一梯两户	2.6	20	240	220	121.3624228	31.25223522

续表

小区名字	梯户比例	容积率	总楼栋	总户数	固定车位数	经度	纬度
丰庄十三街坊	一梯两户	2.6	20	240	220	121.3624228	31.25223522
丰庄十三街坊	一梯两户	2.6	20	240	220	121.3624228	31.25223522
丰庄十三街坊	一梯两户	2.6	20	240	220	121.3624228	31.25223522
丰庄十三街坊	一梯两户	2.6	20	240	220	121.3624228	31.25223522
丰庄十三街坊	一梯两户	2.6	20	240	220	121.3624228	31.25223522
丰庄十三街坊	一梯两户	2.6	20	240	220	121.3624228	31.25223522
丰庄十三街坊	一梯两户	2.6	20	240	220	121.3624228	31.25223522
丰庄十三街坊	一梯两户	2.6	20	240	220	121.3624228	31.25223522

小区名字	成交价	单价	挂牌价格	成交时间	房屋户型	所在楼层	建筑面积
丰庄十二街坊	118	24905	118	2015.12.11	1 室 1 厅 1 厨 1 卫	高楼层（共 6 层）	47.1
丰庄十二街坊	183	25396	183	2015.10.30	2 室 1 厅 1 厨 1 卫	高楼层（共 6 层）	72.06
丰庄十二街坊	85	23879	85	2015.08.29	1 室 0 厅 1 厨 1 卫	高楼层（共 6 层）	35.22
丰庄十四街坊	348.5	46899	360	2023.06.11	2 室 1 厅 1 厨 1 卫	高楼层（共 6 层）	74.31
丰庄十四街坊	244	51893	255	2023.05.21	1 室 1 厅 1 厨 1 卫	低楼层（共 6 层）	47.02
丰庄十四街坊	355	48136	375	2023.05.13	2 室 1 厅 1 厨 1 卫	中楼层（共 6 层）	73.75
丰庄十四街坊	355	48711	370	2023.05.10	2 室 1 厅 1 厨 1 卫	低楼层（共 6 层）	72.88
丰庄十四街坊	324	48143	345	2023.04.17	2 室 1 厅 1 厨 1 卫	中楼层（共 6 层）	67.3
丰庄十四街坊	317	51570	328	2023.04.16	2 室 1 厅 1 厨 1 卫	中楼层（共 6 层）	61.47
丰庄十四街坊	300	49876	310	2023.04.09	2 室 1 厅 1 厨 1 卫	高楼层（共 6 层）	60.15
丰庄十四街坊	247.5	51779	255	2023.04.06	1 室 1 厅 1 厨 1 卫	高楼层（共 6 层）	47.8
丰庄十四街坊	313	50920	330	2023.03.20	2 室 1 厅 1 厨 1 卫	高楼层（共 6 层）	61.47
丰庄十四街坊	248.5	54329	258	2023.03.17	1 室 1 厅 1 厨 1 卫	中楼层（共 6 层）	45.74
丰庄十四街坊	325	48814	346	2023.03.09	2 室 1 厅 1 厨 1 卫	高楼层（共 6 层）	66.58
丰庄十四街坊	245	48961	245	2023.03.05	1 室 1 厅 1 厨 1 卫	高楼层（共 6 层）	50.04
丰庄十四街坊	356	51033	365	2023.03.04	2 室 1 厅 1 厨 1 卫	高楼层（共 6 层）	69.76
丰庄十四街坊	350	53955	360	2023.03.04	2 室 1 厅 1 厨 1 卫	中楼层（共 6 层）	64.87

续表

小区名字	成交价	单价	挂牌价格	成交时间	房屋户型	所在楼层	建筑面积
丰庄十四街坊	320	46736	335	2023.02.26	2 室 1 厅 1 厨 1 卫	高楼层（共 6 层）	68.47
丰庄十四街坊	271	50979	290	2023.02.18	2 室 1 厅 1 厨 1 卫	低楼层（共 6 层）	53.16
丰庄十四街坊	244	52906	249	2023.02.15	1 室 1 厅 1 厨 1 卫	中楼层（共 6 层）	46.12
丰庄十四街坊	323	52581	345	2023.01.16	2 室 1 厅 1 厨 1 卫	低楼层（共 6 层）	61.43
丰庄十四街坊	335	49092	350	2023.01.07	2 室 1 厅 1 厨 1 卫	高楼层（共 6 层）	68.24
丰庄十四街坊	333	50965	345	2022.12.12	2 室 1 厅 1 厨 1 卫	高楼层（共 6 层）	65.34
丰庄十四街坊	331.5	48844	340	2022.12.11	2 室 1 厅 1 厨 1 卫	高楼层（共 6 层）	67.87
丰庄十四街坊	245	58417	265	2022.12.04	1 室 1 厅 1 厨 1 卫	低楼层（共 6 层）	41.94
丰庄十四街坊	300	49859	324	2022.11.29	2 室 1 厅 1 厨 1 卫	高楼层（共 6 层）	60.17
丰庄十四街坊	345	50175	368	2022.11.24	3 室 2 厅 1 厨 1 卫	高楼层（共 6 层）	68.76
丰庄十四街坊	369	52843	385	2022.11.16	2 室 1 厅 1 厨 1 卫	低楼层（共 6 层）	69.83
丰庄十四街坊	318	46444	345	2022.11.13	2 室 1 厅 1 厨 1 卫	高楼层（共 6 层）	68.47
丰庄十四街坊	359	55342	365	2022.11.13	2 室 1 厅 1 厨 1 卫	低楼层（共 6 层）	64.87
丰庄十四街坊	226	49410	238	2022.10.28	1 室 1 厅 1 厨 1 卫	高楼层（共 6 层）	45.74
丰庄十四街坊	265	57937	270	2022.10.22	1 室 1 厅 1 厨 1 卫	中楼层（共 6 层）	45.74
丰庄十四街坊	255	55750	265	2022.09.19	1 室 1 厅 1 厨 1 卫	低楼层（共 6 层）	45.74
丰庄十四街坊	380	53454	388	2022.08.05	2 室 1 厅 1 厨 1 卫	高楼层（共 6 层）	71.09
丰庄十四街坊	292	51518	300	2022.08.02	2 室 1 厅 1 厨 1 卫	高楼层（共 6 层）	56.68
丰庄十四街坊	355	48136	365	2022.07.26	2 室 1 厅 1 厨 1 卫	高楼层（共 6 层）	73.75
丰庄十四街坊	246	54985	255	2022.07.22	1 室 1 厅 1 厨 1 卫	高楼层（共 6 层）	44.74
丰庄十四街坊	280	53051	285	2022.07.18	1 室 1 厅 1 厨 1 卫	低楼层（共 6 层）	52.78
丰庄十四街坊	458	61792	465	2022.07.18	2 室 1 厅 1 厨 1 卫	低楼层（共 6 层）	74.12

小区名字	梯户比例	容积率	总楼栋	总户数	固定车位数	经度	纬度
丰庄十二街坊	一梯三户	2	255	3603	500	121.366336	31.252836
丰庄十二街坊	一梯两户	2	255	3603	500	121.366336	31.252836
丰庄十二街坊	一梯四户	2	255	3603	500	121.366336	31.252836

续表

小区名字	梯户比例	容积率	总楼栋	总户数	固定车位数	经度	纬度
丰庄十四街坊	一梯两户	3.6	265	3266	960	121.361412	31.252909
丰庄十四街坊	一梯两户	3.6	265	3266	960	121.361412	31.252909
丰庄十四街坊	一梯两户	3.6	265	3266	960	121.361412	31.252909
丰庄十四街坊	一梯四户	3.6	265	3266	960	121.361412	31.252909
丰庄十四街坊	一梯四户	3.6	265	3266	960	121.361412	31.252909
丰庄十四街坊	一梯两户	3.6	265	3266	960	121.361412	31.252909
丰庄十四街坊	一梯两户	3.6	265	3266	960	121.361412	31.252909
丰庄十四街坊	一梯两户	3.6	265	3266	960	121.361412	31.252909
丰庄十四街坊	一梯两户	3.6	265	3266	960	121.361412	31.252909
丰庄十四街坊	一梯两户	3.6	265	3266	960	121.361412	31.252909
丰庄十四街坊	一梯两户	3.6	265	3266	960	121.361412	31.252909
丰庄十四街坊	一梯两户	3.6	265	3266	960	121.361412	31.252909
丰庄十四街坊	一梯两户	3.6	265	3266	960	121.361412	31.252909
丰庄十四街坊	一梯两户	3.6	265	3266	960	121.361412	31.252909
丰庄十四街坊	一梯四户	3.6	265	3266	960	121.361412	31.252909
丰庄十四街坊	一梯四户	3.6	265	3266	960	121.361412	31.252909
丰庄十四街坊	一梯两户	3.6	265	3266	960	121.361412	31.252909
丰庄十四街坊	一梯两户	3.6	265	3266	960	121.361412	31.252909
丰庄十四街坊	一梯两户	3.6	265	3266	960	121.361412	31.252909
丰庄十四街坊	一梯两户	3.6	265	3266	960	121.361412	31.252909
丰庄十四街坊	一梯两户	3.6	265	3266	960	121.361412	31.252909
丰庄十四街坊	一梯两户	3.6	265	3266	960	121.361412	31.252909
丰庄十四街坊	一梯两户	3.6	265	3266	960	121.361412	31.252909
丰庄十四街坊	一梯两户	3.6	265	3266	960	121.361412	31.252909
丰庄十四街坊	一梯四户	3.6	265	3266	960	121.361412	31.252909
丰庄十四街坊	一梯四户	3.6	265	3266	960	121.361412	31.252909
丰庄十四街坊	一梯两户	3.6	265	3266	960	121.361412	31.252909

续表

小区名字	梯户比例	容积率	总楼栋	总户数	固定车位数	经度	纬度
丰庄十四街坊	一梯两户	3.6	265	3266	960	121.361412	31.252909
丰庄十四街坊	一梯两户	3.6	265	3266	960	121.361412	31.252909
丰庄十四街坊	一梯两户	3.6	265	3266	960	121.361412	31.252909
丰庄十四街坊	一梯两户	3.6	265	3266	960	121.361412	31.252909
丰庄十四街坊	一梯四户	3.6	265	3266	960	121.361412	31.252909
丰庄十四街坊	一梯两户	3.6	265	3266	960	121.361412	31.252909
丰庄十四街坊	一梯两户	3.6	265	3266	960	121.361412	31.252909
丰庄十四街坊	一梯两户	3.6	265	3266	960	121.361412	31.252909
丰庄十四街坊	一梯两户	3.6	265	3266	960	121.361412	31.252909

小区名字	成交价	单价	挂牌价格	成交时间	房屋户型	所在楼层	建筑面积
丰庄十四街坊	230	38238	230	2016.03.15	2 室 1 厅 1 厨 1 卫	高楼层（共 6 层）	60.15
丰庄十四街坊	210	34902	210	2016.03.13	2 室 1 厅 1 厨 1 卫	中楼层（共 6 层）	60.17
丰庄十四街坊	150	31381	150	2016.03.11	1 室 1 厅 1 厨 1 卫	中楼层（共 6 层）	47.8
丰庄十四街坊	185	28284	185	2016.01.17	2 室 1 厅 1 厨 1 卫	低楼层（共 6 层）	65.41
丰庄十四街坊	152	25262	152	2016.01.14	2 室 1 厅 1 厨 1 卫	高楼层（共 6 层）	60.17
丰庄十四街坊	210	29541	210	2015.12.30	0 室 0 厅 1 厨 0 卫	低楼层（共 6 层）	71.09
丰庄十四街坊	153	23235	154	2015.11.28	2 室 1 厅 1 厨 1 卫	高楼层（共 6 层）	65.85
丰庄十四街坊	173	24571	175	2015.11.27	2 室 1 厅 1 厨 1 卫	高楼层（共 6 层）	70.41
丰庄十四街坊	175	25087	178	2015.11.22	2 室 1 厅 1 厨 1 卫	高楼层（共 6 层）	69.76
丰庄四村	299	45051	315	2023.07.01	2 室 1 厅 0 厨 1 卫	中楼层（共 6 层）	66.37
丰庄四村	219	49898	230	2023.05.14	1 室 1 厅 1 厨 1 卫	低楼层（共 6 层）	43.89
丰庄四村	300	51326	305	2023.05.14	2 室 1 厅 1 厨 1 卫	中楼层（共 6 层）	58.45
丰庄四村	304	52011	313	2023.04.17	2 室 1 厅 1 厨 1 卫	低楼层（共 6 层）	58.45
丰庄四村	303	51840	308	2023.04.02	2 室 1 厅 1 厨 1 卫	高楼层（共 6 层）	58.45
丰庄四村	208	47467	229	2023.03.19	1 室 1 厅 1 厨 1 卫	高楼层（共 6 层）	43.82
丰庄四村	305	52227	315	2023.03.01	2 室 1 厅 1 厨 1 卫	中楼层（共 6 层）	58.4

续表

小区名字	成交价	单价	挂牌价格	成交时间	房屋户型	所在楼层	建筑面积
丰庄四村	308.5	46771	315	2023.02.24	2 室 1 厅 1 厨 1 卫	高楼层（共 6 层）	65.96
丰庄四村	303.9	51994	310	2023.02.11	2 室 1 厅 1 厨 1 卫	中楼层（共 6 层）	58.45
丰庄四村	274	46878	278	2023.02.06	2 室 1 厅 1 厨 1 卫	高楼层（共 6 层）	58.45
丰庄四村	340	49788	355	2023.02.06	2 室 1 厅 1 厨 1 卫	高楼层（共 6 层）	68.29
丰庄四村	265	45377	278	2023.02.04	2 室 1 厅 1 厨 1 卫	高楼层（共 6 层）	58.4
丰庄四村	294.8	44694	308	2022.12.16	2 室 1 厅 1 厨 1 卫	高楼层（共 6 层）	65.96
丰庄四村	310	53037	315	2022.12.10	2 室 1 厅 1 厨 1 卫	中楼层（共 6 层）	58.45
丰庄四村	310	46999	320	2022.12.07	2 室 1 厅 1 厨 1 卫	低楼层（共 6 层）	65.96
丰庄四村	330	50031	338	2022.11.23	2 室 1 厅 1 厨 1 卫	低楼层（共 6 层）	65.96
丰庄四村	308	52740	332	2022.11.21	2 室 1 厅 1 厨 1 卫	中楼层（共 6 层）	58.4
丰庄四村	352	60223	332	2022.10.20	2 室 1 厅 1 厨 1 卫	低楼层（共 6 层）	58.45
丰庄四村	256	58421	265	2022.10.15	1 室 1 厅 1 厨 1 卫	低楼层（共 6 层）	43.82
丰庄四村	288	49273	299	2022.08.31	2 室 1 厅 1 厨 1 卫	高楼层（共 6 层）	58.45
丰庄四村	326	49424	335	2022.08.24	2 室 1 厅 1 厨 1 卫	高楼层（共 6 层）	65.96
丰庄四村	265	60475	268	2022.08.05	1 室 1 厅 1 厨 1 卫	低楼层（共 6 层）	43.82
丰庄四村	378	55095	388	2022.07.22	2 室 1 厅 1 厨 1 卫	中楼层（共 6 层）	68.61
丰庄四村	320	54748	330	2022.07.10	2 室 1 厅 1 厨 1 卫	中楼层（共 6 层）	58.45
丰庄四村	376	49822	382	2022.02.25	2 室 2 厅 1 厨 1 卫	高楼层（共 6 层）	75.47
丰庄四村	329	52510	330	2022.01.16	2 室 1 厅 1 厨 1 卫	低楼层（共 6 层）	62.56
丰庄四村	232	52860	240	2021.12.11	1 室 1 厅 1 厨 1 卫	低楼层（共 6 层）	43.89
丰庄四村	240	54683	260	2021.10.05	1 室 1 厅 1 厨 1 卫	低楼层（共 6 层）	43.89
丰庄四村	336	49202	339	2021.05.26	2 室 1 厅 1 厨 1 卫	高楼层（共 6 层）	68.29
丰庄四村	196	47048	197	2021.05.05	1 室 1 厅 1 厨 1 卫	高楼层（共 6 层）	41.66

小区名字	梯户比例	容积率	总楼栋	总户数	固定车位数	经度	纬度
丰庄十四街坊	一梯两户	3.6	265	3266	960	121.361412	31.252909
丰庄十四街坊	一梯两户	3.6	265	3266	960	121.361412	31.252909
丰庄十四街坊	一梯两户	3.6	265	3266	960	121.361412	31.252909

续表

小区名字	梯户比例	容积率	总楼栋	总户数	固定车位数	经度	纬度
丰庄十四街坊	一梯两户	3.6	265	3266	960	121.361412	31.252909
丰庄十四街坊	一梯两户	3.6	265	3266	960	121.361412	31.252909
丰庄十四街坊	一梯两户	3.6	265	3266	960	121.361412	31.252909
丰庄十四街坊	一梯两户	3.6	265	3266	960	121.361412	31.252909
丰庄十四街坊	一梯两户	3.6	265	3266	960	121.361412	31.252909
丰庄十四街坊	一梯两户	3.6	265	3266	960	121.361412	31.252909
丰庄四村	一梯四户	2.6	132	1589	311	121.375559	31.25474748
丰庄四村	一梯两户	2.6	132	1589	311	121.375559	31.25474748
丰庄四村	一梯两户	2.6	132	1589	311	121.375559	31.25474748
丰庄四村	一梯两户	2.6	132	1589	311	121.375559	31.25474748
丰庄四村	一梯两户	2.6	132	1589	311	121.375559	31.25474748
丰庄四村	一梯两户	2.6	132	1589	311	121.375559	31.25474748
丰庄四村	一梯两户	2.6	132	1589	311	121.375559	31.25474748
丰庄四村	一梯两户	2.6	132	1589	311	121.375559	31.25474748
丰庄四村	一梯两户	2.6	132	1589	311	121.375559	31.25474748
丰庄四村	一梯两户	2.6	132	1589	311	121.375559	31.25474748
丰庄四村	一梯两户	2.6	132	1589	311	121.375559	31.25474748
丰庄四村	一梯两户	2.6	132	1589	311	121.375559	31.25474748
丰庄四村	一梯两户	2.6	132	1589	311	121.375559	31.25474748
丰庄四村	一梯两户	2.6	132	1589	311	121.375559	31.25474748
丰庄四村	一梯两户	2.6	132	1589	311	121.375559	31.25474748
丰庄四村	一梯两户	2.6	132	1589	311	121.375559	31.25474748
丰庄四村	一梯两户	2.6	132	1589	311	121.375559	31.25474748
丰庄四村	一梯两户	2.6	132	1589	311	121.375559	31.25474748
丰庄四村	一梯两户	2.6	132	1589	311	121.375559	31.25474748
丰庄四村	一梯两户	2.6	132	1589	311	121.375559	31.25474748
丰庄四村	一梯两户	2.6	132	1589	311	121.375559	31.25474748
丰庄四村	一梯两户	2.6	132	1589	311	121.375559	31.25474748

续表

小区名字	梯户比例	容积率	总楼栋	总户数	固定车位数	经度	纬度
丰庄四村	一梯两户	2.6	132	1589	311	121.375559	31.25474748
丰庄四村	一梯两户	2.6	132	1589	311	121.375559	31.25474748
丰庄四村	一梯两户	2.6	132	1589	311	121.375559	31.25474748
丰庄四村	一梯两户	2.6	132	1589	311	121.375559	31.25474748
丰庄四村	一梯两户	2.6	132	1589	311	121.375559	31.25474748
丰庄四村	一梯两户	2.6	132	1589	311	121.375559	31.25474748
丰庄四村	一梯两户	2.6	132	1589	311	121.375559	31.25474748
丰庄四村	一梯两户	2.6	132	1589	311	121.375559	31.25474748

小区名字	成交价	单价	挂牌价格	成交时间	房屋户型	所在楼层	建筑面积
丰庄四村	138	31260	137.2	2016.02.28	1 室 1 厅 1 厨 1 卫	低楼层（共 6 层）	43.89
丰庄四村	122	29285	120	2016.02.27	1 室 1 厅 1 厨 1 卫	中楼层（共 6 层）	41.66
丰庄四村	160	25389	160	2015.12.30	2 室 1 厅 1 厨 1 卫	高楼层（共 6 层）	63.02
丰庄四村	138	23610	138	2015.12.19	2 室 1 厅 1 厨 1 卫	高楼层（共 6 层）	58.45
丰庄四村	158	25104	158	2015.12.17	2 室 1 厅 1 厨 1 卫	高楼层（共 6 层）	62.94
丰庄四村	110	25063	112	2015.12.02	1 室 1 厅 1 厨 1 卫	高楼层（共 6 层）	43.89
丰庄四村	169	22394	171	2015.11.21	3 室 1 厅 1 厨 1 卫	高楼层（共 6 层）	75.47
丽景新苑	254.5	49065	265	2023.06.24	1 室 1 厅 1 厨 1 卫	中楼层（共 7 层）	51.87
丽景新苑	517	49626	543	2023.04.09	3 室 1 厅 1 厨 2 卫	高楼层（共 6 层）	104.18
丽景新苑	350	57378	375	2023.03.15	2 室 1 厅 1 厨 1 卫	中楼层（共 7 层）	61
丽景新苑	315	61488	325	2023.03.05	1 室 1 厅 1 厨 1 卫	低楼层（共 7 层）	51.23
丽景新苑	305	58972	307	2023.02.05	1 室 1 厅 1 厨 1 卫	中楼层（共 6 层）	51.72
丽景新苑	296	57420	298	2023.01.14	1 室 1 厅 1 厨 1 卫	高楼层（共 6 层）	51.55
丽景新苑	595	54279	600	2022.11.13	3 室 2 厅 1 厨 2 卫	高楼层（共 7 层）	109.62
丽景新苑	450	59857	472	2022.10.07	2 室 2 厅 1 厨 1 卫	中楼层（共 7 层）	75.18
丽景新苑	307	59997	310	2022.06.25	1 室 1 厅 1 厨 1 卫	低楼层（共 6 层）	51.17
丽景新苑	448	59686	458	2022.06.15	2 室 2 厅 1 厨 1 卫	高楼层（共 7 层）	75.06
丽景新苑	365	57318	375	2022.03.05	2 室 1 厅 1 厨 1 卫	高楼层（共 5 层）	63.68

续表

小区名字	成交价	单价	挂牌价格	成交时间	房屋户型	所在楼层	建筑面积
丽景新苑	310	59765	310	2022.02.16	1 室 1 厅 1 厨 1 卫	低楼层（共 6 层）	51.87
丽景新苑	363	59363	365	2022.01.17	2 室 1 厅 1 厨 1 卫	中楼层（共 6 层）	61.15
丽景新苑	328	51508	335	2021.12.19	2 室 1 厅 1 厨 1 卫	高楼层（共 7 层）	63.68
丽景新苑	309	59745	309	2021.11.27	1 室 1 厅 1 厨 1 卫	中楼层（共 7 层）	51.72
丽景新苑	445	59492	450	2021.10.05	2 室 1 厅 1 厨 1 卫	低楼层（共 7 层）	74.8
丽景新苑	440	58824	450	2021.08.08	2 室 1 厅 1 厨 1 卫	高楼层（共 7 层）	74.8
丽景新苑	289	56924	308	2021.08.02	1 室 1 厅 1 厨 1 卫	高楼层（共 6 层）	50.77
丽景新苑	355	55748	360	2021.07.24	2 室 1 厅 1 厨 1 卫	高楼层（共 7 层）	63.68
丽景新苑	435	57862	470	2021.07.01	2 室 1 厅 1 厨 1 卫	低楼层（共 7 层）	75.18
丽景新苑	372	58418	375	2021.06.27	2 室 1 厅 1 厨 1 卫	高楼层（共 5 层）	63.68
丽景新苑	306	59464	320	2021.06.18	1 室 1 厅 1 厨 1 卫	中楼层（共 7 层）	51.46
丽景新苑	385	57661	390	2021.05.31	2 室 1 厅 1 厨 1 卫	中楼层（共 5 层）	66.77
丽景新苑	570	52017	580	2021.05.26	4 室 2 厅 1 厨 2 卫	高楼层（共 7 层）	109.58
丽景新苑	364	54240	368	2021.05.05	2 室 1 厅 1 厨 1 卫	低楼层（共 7 层）	67.11
丽景新苑	283	54560	290	2021.05.04	1 室 1 厅 1 厨 1 卫	中楼层（共 7 层）	51.87
丽景新苑	491	45966	520	2021.04.18	3 室 2 厅 1 厨 2 卫	高楼层（共 6 层）	106.82
丽景新苑	377	52573	385	2021.04.07	2 室 1 厅 1 厨 1 卫	高楼层（共 7 层）	71.71
丽景新苑	432	55800	445	2021.04.05	2 室 2 厅 1 厨 1 卫	高楼层（共 6 层）	77.42
丽景新苑	371	51737	382	2021.03.23	2 室 2 厅 1 厨 1 卫	高楼层（共 7 层）	71.71
丽景新苑	283	55306	288	2021.03.22	1 室 1 厅 1 厨 1 卫	低楼层（共 6 层）	51.17
丽景新苑	285	56136	290	2021.03.21	1 室 1 厅 1 厨 1 卫	高楼层（共 6 层）	50.77

小区名字	梯户比例	容积率	总楼栋	总户数	固定车位数	经度	纬度
丰庄四村	一梯两户	2.6	132	1589	311	121.375559	31.25474748
丰庄四村	一梯两户	2.6	132	1589	311	121.375559	31.25474748
丰庄四村	一梯四户	2.6	132	1589	311	121.375559	31.25474748
丰庄四村	一梯两户	2.6	132	1589	311	121.375559	31.25474748
丰庄四村	一梯两户	2.6	132	1589	311	121.375559	31.25474748

续表

小区名字	梯户比例	容积率	总楼栋	总户数	固定车位数	经度	纬度
丰庄四村	一梯两户	2.6	132	1589	311	121.375559	31.25474748
丰庄四村	一梯两户	2.6	132	1589	311	121.375559	31.25474748
丽景新苑	一梯两户	2.2	97	1394	166	121.3697787	31.25042144
丽景新苑	一梯三户	2.2	97	1394	166	121.3697787	31.25042144
丽景新苑	一梯两户	2.2	97	1394	166	121.3697787	31.25042144
丽景新苑	一梯三户	2.2	97	1394	166	121.3697787	31.25042144
丽景新苑	一梯两户	2.2	97	1394	166	121.3697787	31.25042144
丽景新苑	一梯三户	2.2	97	1394	166	121.3697787	31.25042144
丽景新苑	一梯三户	2.2	97	1394	166	121.3697787	31.25042144
丽景新苑	一梯两户	2.2	97	1394	166	121.3697787	31.25042144
丽景新苑	一梯三户	2.2	97	1394	166	121.3697787	31.25042144
丽景新苑	一梯两户	2.2	97	1394	166	121.3697787	31.25042144
丽景新苑	一梯两户	2.2	97	1394	166	121.3697787	31.25042144
丽景新苑	一梯三户	2.2	97	1394	166	121.3697787	31.25042144
丽景新苑	一梯两户	2.2	97	1394	166	121.3697787	31.25042144
丽景新苑	一梯两户	2.2	97	1394	166	121.3697787	31.25042144
丽景新苑	一梯三户	2.2	97	1394	166	121.3697787	31.25042144
丽景新苑	一梯两户	2.2	97	1394	166	121.3697787	31.25042144
丽景新苑	一梯两户	2.2	97	1394	166	121.3697787	31.25042144
丽景新苑	一梯三户	2.2	97	1394	166	121.3697787	31.25042144
丽景新苑	一梯两户	2.2	97	1394	166	121.3697787	31.25042144
丽景新苑	一梯两户	2.2	97	1394	166	121.3697787	31.25042144
丽景新苑	一梯两户	2.2	97	1394	166	121.3697787	31.25042144
丽景新苑	一梯三户	2.2	97	1394	166	121.3697787	31.25042144
丽景新苑	一梯两户	2.2	97	1394	166	121.3697787	31.25042144
丽景新苑	一梯三户	2.2	97	1394	166	121.3697787	31.25042144
丽景新苑	一梯两户	2.2	97	1394	166	121.3697787	31.25042144
丽景新苑	一梯三户	2.2	97	1394	166	121.3697787	31.25042144

续表

小区名字	梯户比例	容积率	总楼栋	总户数	固定车位数	经度	纬度
丽景新苑	一梯两户	2.2	97	1394	166	121.3697787	31.25042144
丽景新苑	一梯两户	2.2	97	1394	166	121.3697787	31.25042144
丽景新苑	一梯两户	2.2	97	1394	166	121.3697787	31.25042144
丽景新苑	一梯两户	2.2	97	1394	166	121.3697787	31.25042144
丽景新苑	一梯三户	2.2	97	1394	166	121.3697787	31.25042144
丽景新苑	一梯三户	2.2	97	1394	166	121.3697787	31.25042144

小区名字	成交价	单价	挂牌价格	成交时间	房屋户型	所在楼层	建筑面积
丽景新苑	305	42385	305	2016.08.29	2 室 2 厅 1 厨 1 卫	高楼层（共 7 层）	71.96
丽景新苑	240	37689	240	2016.08.03	2 室 1 厅 1 厨 1 卫	高楼层（共 7 层）	63.68
丽景新苑	242	39673	245	2016.07.23	1 室 0 厅 1 厨 0 卫	低楼层（共 7 层）	61
丽景新苑	235	32771	225	2016.03.20	2 室 2 厅 1 厨 1 卫	高楼层（共 7 层）	71.71
丽景新苑	250	27174	250	2016.03.10	3 室 1 厅 1 厨 1 卫	高楼层（共 7 层）	92
丽景新苑	160	30793	160	2016.01.31	1 室 1 厅 1 厨 1 卫	中楼层（共 7 层）	51.96
丽景新苑	236	25511	0.6	2016.01.19	3 室 2 厅 1 厨 1 卫	高楼层（共 7 层）	92.51
丽景新苑	180	28235	180	2015.12.31	2 室 1 厅 1 厨 1 卫	高楼层（共 5 层）	63.68
丽景新苑	154	29690	154	2015.12.04	1 室 1 厅 1 厨 1 卫	中楼层（共 7 层）	51.87
丽景新苑	157	23395	157	2015.11.13	2 室 1 厅 1 厨 1 卫	高楼层（共 7 层）	67.11
丽景新苑	163	25597	175	2015.11.08	2 室 1 厅 1 厨 1 卫	高楼层（共 5 层）	63.68
住嘉佳园	640	51053	658	2023.05.09	3 室 2 厅 1 厨 1 卫	高楼层（共 14 层）	125.36
住嘉佳园	390	60833	393	2022.08.03	2 室 2 厅 1 厨 1 卫	高楼层（共 6 层）	64.11
住嘉佳园	480	53626	480	2022.01.25	2 室 2 厅 1 厨 1 卫	高楼层（共 6 层）	89.51
住嘉佳园	349	60357	355	2021.04.05	1 室 2 厅 1 厨 1 卫	低楼层（共 6 层）	57.74
住嘉佳园	572	46296	575	2021.01.25	3 室 2 厅 1 厨 2 卫	高楼层（共 6 层）	123.51
住嘉佳园	309	48191	320	2020.12.24	2 室 1 厅 1 厨 1 卫	高楼层（共 6 层）	64.12
住嘉佳园	382	42384	385	2020.12.20	2 室 1 厅 1 厨 1 卫	高楼层（共 6 层）	90.13
住嘉佳园	560	45782	580	2020.11.30	3 室 2 厅 1 厨 1 卫	中楼层（共 14 层）	122.32
住嘉佳园	253	43731	261	2020.08.12	1 室 1 厅 1 厨 1 卫	高楼层（共 6 层）	57.74

续表

小区名字	成交价	单价	挂牌价格	成交时间	房屋户型	所在楼层	建筑面积
住嘉佳园	442	46867	450	2020.08.09	2 室 2 厅 1 厨 2 卫	中楼层（共 14 层）	94.31
住嘉佳园	500	40313	538	2020.06.13	3 室 2 厅 1 厨 2 卫	中楼层（共 6 层）	124.03
住嘉佳园	500	40877	515	2020.05.27	3 室 2 厅 1 厨 1 卫	中楼层（共 14 层）	122.32
住嘉佳园	388	43188	405	2020.05.27	2 室 2 厅 1 厨 1 卫	低楼层（共 6 层）	89.84
住嘉佳园	306	47724	308	2020.05.03	2 室 1 厅 1 厨 1 卫	中楼层（共 6 层）	64.12
住嘉佳园	340	39448	350	2020.04.19	2 室 2 厅 1 厨 1 卫	高楼层（共 6 层）	86.19
住嘉佳园	308	48035	313	2019.08.12	2 室 1 厅 1 厨 1 卫	高楼层（共 6 层）	64.12
住嘉佳园	370	41648	395	2019.04.15	2 室 2 厅 1 厨 1 卫	低楼层（共 6 层）	88.84
住嘉佳园	495	39910	505	2019.03.07	3 室 2 厅 1 厨 1 卫	低楼层（共 6 层）	124.03
住嘉佳园	255	44164	260	2018.05.14	1 室 1 厅 1 厨 1 卫	高楼层（共 6 层）	57.74
住嘉佳园	305	47568	310	2017.12.04	2 室 1 厅 1 厨 1 卫	高楼层（共 6 层）	64.12
住嘉佳园	536	42757	555	2017.11.16	3 室 2 厅 1 厨 3 卫	高楼层（共 14 层）	125.36
利金国际	98	24132	105	2023.06.28	1 室 1 厅 0 厨 1 卫	中楼层（共 26 层）	40.61
利金国际	116	24380	120	2022.12.28	1 室 1 厅 1 厨 1 卫	中楼层（共 26 层）	47.58
利金国际	115	25077	120	2022.08.08	1 室 0 厅 1 厨 1 卫	高楼层（共 26 层）	45.86
利金国际	150	32475	150	2022.02.26	1 室 1 厅 1 厨 1 卫	中楼层（共 26 层）	46.19
利金国际	95	17754	103	2020.01.20	1 室 1 厅 1 厨 1 卫	中楼层（共 26 层）	53.51
利金国际	91	22196	91	2019.06.07	1 室 1 厅 1 厨 1 卫	高楼层（共 26 层）	41
利金国际	122	20536	125	2017.04.21	1 室 0 厅 1 厨 1 卫	中楼层（共 26 层）	59.41

小区名字	梯户比例	容积率	总楼栋	总户数	固定车位数	经度	纬度
丽景新苑	一梯两户	2.2	97	1394	166	121.3697787	31.25042144
丽景新苑	一梯两户	2.2	97	1394	166	121.3697787	31.25042144
丽景新苑	一梯两户	2.2	97	1394	166	121.3697787	31.25042144
丽景新苑	一梯两户	2.2	97	1394	166	121.3697787	31.25042144
丽景新苑	一梯三户	2.2	97	1394	166	121.3697787	31.25042144
丽景新苑	一梯两户	2.2	97	1394	166	121.3697787	31.25042144

续表

小区名字	梯户比例	容积率	总楼栋	总户数	固定车位数	经度	纬度
丽景新苑	一梯三户	2.2	97	1394	166	121.3697787	31.25042144
丽景新苑	一梯两户	2.2	97	1394	166	121.3697787	31.25042144
丽景新苑	一梯三户	2.2	97	1394	166	121.3697787	31.25042144
丽景新苑	一梯两户	2.2	97	1394	166	121.3697787	31.25042144
丽景新苑	一梯两户	2.2	97	1394	166	121.3697787	31.25042144
住嘉佳园	一梯两户	1.8	45	832	180	121.3635962	31.25618185
住嘉佳园	一梯两户	1.8	45	832	180	121.3635962	31.25618185
住嘉佳园	一梯两户	1.8	45	832	180	121.3635962	31.25618185
住嘉佳园	一梯两户	1.8	45	832	180	121.3635962	31.25618185
住嘉佳园	一梯两户	1.8	45	832	180	121.3635962	31.25618185
住嘉佳园	一梯两户	1.8	45	832	180	121.3635962	31.25618185
住嘉佳园	一梯两户	1.8	45	832	180	121.3635962	31.25618185
住嘉佳园	一梯三户	1.8	45	832	180	121.3635962	31.25618185
住嘉佳园	一梯两户	1.8	45	832	180	121.3635962	31.25618185
住嘉佳园	一梯两户	1.8	45	832	180	121.3635962	31.25618185
住嘉佳园	一梯两户	1.8	45	832	180	121.3635962	31.25618185
住嘉佳园	一梯三户	1.8	45	832	180	121.3635962	31.25618185
住嘉佳园	一梯两户	1.8	45	832	180	121.3635962	31.25618185
住嘉佳园	一梯两户	1.8	45	832	180	121.3635962	31.25618185
住嘉佳园	一梯两户	1.8	45	832	180	121.3635962	31.25618185
住嘉佳园	一梯两户	1.8	45	832	180	121.3635962	31.25618185
住嘉佳园	一梯两户	1.8	45	832	180	121.3635962	31.25618185
住嘉佳园	一梯两户	1.8	45	832	180	121.3635962	31.25618185
住嘉佳园	一梯两户	1.8	45	832	180	121.3635962	31.25618185
住嘉佳园	一梯两户	1.8	45	832	180	121.3635962	31.25618185
住嘉佳园	一梯两户	1.8	45	832	180	121.3635962	31.25618185
利金国际	两梯二十三户	2.2	1	465	232	121.373485	31.257372

续表

小区名字	梯户比例	容积率	总楼栋	总户数	固定车位数	经度	纬度
利金国际	两梯二十三户	2.2	1	465	232	121.373485	31.257372
利金国际	两梯二十三户	2.2	1	465	232	121.373485	31.257372
利金国际	两梯二十三户	2.2	1	465	232	121.373485	31.257372
利金国际	两梯二十三户	2.2	1	465	232	121.373485	31.257372
利金国际	两梯二十三户	2.2	1	465	232	121.373485	31.257372
利金国际	两梯二十三户	2.2	1	465	232	121.373485	31.257372

小区名字	成交价	单价	挂牌价格	成交时间	房屋户型	所在楼层	建筑面积
嘉乐之春	630	54194	665	2020.11.25	3 室 2 厅 1 厨 2 卫	低楼层（共 6 层）	116.25
嘉乐之春	527	44316	560	2016.07.03	3 室 2 厅 1 厨 2 卫	中楼层（共 12 层）	118.92
嘉利坊	170	49448	182	2023.05.21	1 室 0 厅 1 厨 1 卫	低楼层（共 6 层）	34.38
嘉利坊	310	50854	330	2023.05.17	2 室 1 厅 1 厨 1 卫	中楼层（共 6 层）	60.96
嘉利坊	290	52575	295	2023.03.06	1 室 1 厅 1 厨 1 卫	中楼层（共 6 层）	55.16
嘉利坊	300	54388	312	2023.03.05	2 室 1 厅 1 厨 1 卫	中楼层（共 6 层）	55.16
嘉利坊	273	49493	281	2023.01.13	2 室 1 厅 1 厨 1 卫	中楼层（共 6 层）	55.16
嘉利坊	275	51760	294	2022.12.31	2 室 1 厅 1 厨 1 卫	高楼层（共 6 层）	53.13
嘉利坊	200	37609	210	2019.12.07	1 室 2 厅 1 厨 1 卫	高楼层（共 6 层）	53.18
嘉利坊	265	43472	265	2019.12.07	2 室 1 厅 1 厨 1 卫	中楼层（共 7 层）	60.96
嘉利坊	308	40146	310	2019.11.20	2 室 1 厅 1 厨 1 卫	高楼层（共 6 层）	76.72
嘉利坊	224	36746	240	2019.10.08	2 室 1 厅 1 厨 1 卫	高楼层（共 6 层）	60.96
嘉利坊	182	35841	186	2019.09.28	1 室 1 厅 1 厨 1 卫	高楼层（共 6 层）	50.78
嘉利坊	330	42763	335	2019.09.16	2 室 2 厅 0 厨 1 卫	中楼层（共 6 层）	77.17
嘉利坊	290	47239	295	2019.09.15	2 室 1 厅 1 厨 1 卫	低楼层（共 6 层）	61.39
嘉利坊	206	38737	215	2019.09.08	2 室 1 厅 1 厨 1 卫	高楼层（共 6 层）	53.18
嘉利坊	152	44889	156	2019.07.15	1 室 1 厅 1 厨 1 卫	高楼层（共 6 层）	33.75
嘉利坊	205	45923	210	2019.07.06	1 室 1 厅 1 厨 1 卫	中楼层（共 6 层）	44.64
嘉利坊	266	42890	275	2018.08.09	2 室 1 厅 1 厨 1 卫	中楼层（共 6 层）	62.02

续表

小区名字	成交价	单价	挂牌价格	成交时间	房屋户型	所在楼层	建筑面积
嘉利坊	257	41439	260	2018.07.30	2 室 1 厅 1 厨 1 卫	高楼层（共 6 层）	62.02
嘉利坊	252	41339	269	2018.06.09	2 室 1 厅 1 厨 1 卫	高楼层（共 6 层）	60.96
嘉利坊	257	42132	270	2018.06.07	2 室 1 厅 1 厨 1 卫	高楼层（共 7 层）	61
嘉利坊	220	42195	236	2018.04.22	1 室 1 厅 1 厨 1 卫	中楼层（共 7 层）	52.14
嘉利坊	215	42265	217	2018.03.30	1 室 1 厅 1 厨 1 卫	高楼层（共 7 层）	50.87
嘉利坊	274	49674	280	2018.03.14	1 室 1 厅 1 厨 1 卫	中楼层（共 6 层）	55.16
嘉利坊	249	45101	270	2018.02.04	2 室 1 厅 1 厨 1 卫	高楼层（共 6 层）	55.21
嘉利坊	229	43102	235	2018.01.27	2 室 1 厅 1 厨 1 卫	高楼层（共 6 层）	53.13
嘉利坊	238	45638	240	2018.01.20	1 室 1 厅 1 厨 1 卫	中楼层（共 6 层）	52.15
嘉利坊	240	42858	245	2018.01.14	2 室 1 厅 1 厨 1 卫	高楼层（共 6 层）	56
嘉利坊	232	41237	255	2018.01.04	2 室 1 厅 1 厨 1 卫	高楼层（共 6 层）	56.14
嘉利坊	290	52632	290	2017.09.20	2 室 1 厅 1 厨 1 卫	低楼层（共 6 层）	55.1
嘉利坊	230	44419	240	2017.09.13	1 室 1 厅 1 厨 1 卫	高楼层（共 6 层）	51.78
嘉利坊	140	25386	140	2015.07.11	1 室 2 厅 1 厨 1 卫	低楼层（共 7 层）	55.15
嘉和坊	254	53553	255	2023.04.19	1 室 1 厅 1 厨 1 卫	中楼层（共 6 层）	47.43
嘉和坊	252	53131	255	2023.03.29	1 室 1 厅 1 厨 1 卫	高楼层（共 6 层）	47.43
嘉和坊	360	51769	375	2023.02.22	2 室 1 厅 1 厨 1 卫	高楼层（共 6 层）	69.54
嘉和坊	375	54223	390	2023.02.18	2 室 1 厅 1 厨 1 卫	中楼层（共 6 层）	69.16
嘉和坊	238	49419	250	2023.02.02	1 室 1 厅 1 厨 1 卫	高楼层（共 6 层）	48.16
嘉和坊	248	52288	255	2023.01.09	1 室 1 厅 1 厨 1 卫	低楼层（共 6 层）	47.43

小区名字	梯户比例	容积率	总楼栋	总户数	固定车位数	经度	纬度
嘉乐之春	一梯两户	1.8	18	288	125	121.3640088	31.24695942
嘉乐之春	一梯两户	1.8	18	288	125	121.3640088	31.24695942
嘉利坊	一梯六户	1.8	79	1784	200	121.384822	31.261158
嘉利坊	一梯四户	1.8	79	1784	200	121.384822	31.261158
嘉利坊	一梯四户	1.8	79	1784	200	121.384822	31.261158

续表

小区名字	梯户比例	容积率	总楼栋	总户数	固定车位数	经度	纬度
嘉利坊	一梯四户	1.8	79	1784	200	121.384822	31.261158
嘉利坊	一梯四户	1.8	79	1784	200	121.384822	31.261158
嘉利坊	一梯四户	1.8	79	1784	200	121.384822	31.261158
嘉利坊	一梯四户	1.8	79	1784	200	121.384822	31.261158
嘉利坊	一梯四户	1.8	79	1784	200	121.384822	31.261158
嘉利坊	一梯两户	1.8	79	1784	200	121.384822	31.261158
嘉利坊	一梯四户	1.8	79	1784	200	121.384822	31.261158
嘉利坊	一梯三户	1.8	79	1784	200	121.384822	31.261158
嘉利坊	一梯三户	1.8	79	1784	200	121.384822	31.261158
嘉利坊	一梯四户	1.8	79	1784	200	121.384822	31.261158
嘉利坊	一梯四户	1.8	79	1784	200	121.384822	31.261158
嘉利坊	一梯六户	1.8	79	1784	200	121.384822	31.261158
嘉利坊	一梯四户	1.8	79	1784	200	121.384822	31.261158
嘉利坊	一梯四户	1.8	79	1784	200	121.384822	31.261158
嘉利坊	一梯四户	1.8	79	1784	200	121.384822	31.261158
嘉利坊	一梯四户	1.8	79	1784	200	121.384822	31.261158
嘉利坊	一梯四户	1.8	79	1784	200	121.384822	31.261158
嘉利坊	一梯三户	1.8	79	1784	200	121.384822	31.261158
嘉利坊	一梯三户	1.8	79	1784	200	121.384822	31.261158
嘉利坊	一梯四户	1.8	79	1784	200	121.384822	31.261158
嘉利坊	一梯四户	1.8	79	1784	200	121.384822	31.261158
嘉利坊	一梯四户	1.8	79	1784	200	121.384822	31.261158
嘉利坊	一梯三户	1.8	79	1784	200	121.384822	31.261158
嘉利坊	一梯四户	1.8	79	1784	200	121.384822	31.261158
嘉利坊	一梯四户	1.8	79	1784	200	121.384822	31.261158
嘉利坊	一梯四户	1.8	79	1784	200	121.384822	31.261158
嘉利坊	一梯三户	1.8	79	1784	200	121.384822	31.261158

续表

小区名字	梯户比例	容积率	总楼栋	总户数	固定车位数	经度	纬度
嘉利坊	一梯四户	1.8	79	1784	200	121.384822	31.261158
嘉和坊	一梯两户	2.3	99	1230	562	121.3785894	31.26096741
嘉和坊	一梯两户	2.3	99	1230	562	121.3785894	31.26096741
嘉和坊	一梯两户	2.3	99	1230	562	121.3785894	31.26096741
嘉和坊	一梯两户	2.3	99	1230	562	121.3785894	31.26096741
嘉和坊	一梯两户	2.3	99	1230	562	121.3785894	31.26096741
嘉和坊	一梯两户	2.3	99	1230	562	121.3785894	31.26096741